西方英语系大国杰出公司企业文化研究系列

美国杰出公司企业文化研究

李文明　孙炯光　赵　悦　著

科学出版社

北　京

内 容 简 介

　　《美国杰出公司企业文化研究》是《企业文化与商业模式研究——对话美国中小企业家》的姐妹篇，是规划当中"西方英语系大国杰出公司企业文化研究系列"九本书当中的第二本。在《美国杰出公司企业文化研究》一书当中，作者选取了美国顶级的十家公司作为研究对象，全面分析了这些公司的企业使命、企业宗旨、企业愿景、企业价值观、企业理念、企业行为准则和行为文化，以及部分企业家的经营与管理思想。这本书与《企业文化与商业模式研究——对话美国中小企业家》的分工与写作的目的和价值就在于全面和立体地解读美国大、中、小企业之企业文化的构成及其特点，分析它们的企业文化与中国企业文化之相通和不同的具体细节，从而可以为中国企业更好地开展企业文化与企业管理的工作提供应用性的参考。

　　本书适合两类人群阅读，一是企业家和企业高管，二是企业管理专业的研究生。

图书在版编目（CIP）数据

　美国杰出公司企业文化研究/李文明，孙炯光，赵悦著. —北京：科学出版社，2016.12

　（西方英语系大国杰出公司企业文化研究系列）

　ISBN 978-7-03-051170-6

　Ⅰ. ①美… Ⅱ. ①李… ②孙… ③赵… Ⅲ. ①企业文化-研究-美国 Ⅳ. ①F279.712.3

　中国版本图书馆 CIP 数据核字（2016）第 315480 号

责任编辑：魏如萍 / 责任校对：杜子昂
责任印制：张　伟 / 封面设计：无极书装

科学出版社 出版
北京东黄城根北街 16 号
邮政编码：100717
http://www.sciencep.com

北京教图印刷有限公司 印刷
科学出版社发行　各地新华书店经销

*

2016 年 12 月第　一　版　　开本：720 × 1000 1/16
2016 年 12 月第一次印刷　　印张：11 3/4
字数：220 000

定价：**68.00 元**
（如有印装质量问题，我社负责调换）

前　　言

中国企业的企业文化与美国企业的企业文化有很多相通的地方，这种相通之处基于三种原因形成：其一是，企业共有的性质、特点、流程、目标、外部环境、时代要求等要素决定了它们之间可以相通；其二是，这是中国企业在现代管理过程中不断向美国学习各个方面管理经验的结果；其三是，中国学者在研究企业文化的过程当中借鉴了大量美国学界的观点，然后这些研究成果在转化为指导中国企业管理实务的过程中便帮助中国企业融入了美国企业文化的相关元素。

但是中国企业的企业文化与美国企业的企业文化又有很多不同的地方，这种不同形成的原因主要在于两个方面，其中之一是这两个国家在整体文化认同上的差别给企业带来的潜移默化的影响；其中之二是两个国家的企业因为所处的发展阶段不同，发展的节奏不一样，而且企业家的追求与理想也有一定的差别，从而形成了两个国家之企业不一样的精神追求。除了在内容上有所不同以外，两个国家的企业在企业文化内容的表述方式和表述重点上也有差异。比如，美国企业的企业文化一般会采用描述性的语言进行介绍，而中国企业的企业文化更喜欢使用号召式的语言进行概括；美国企业的企业文化重点关注企业使命、企业愿景、企业宗旨和企业价值观这四个方面的内容，而中国企业除了也关注企业使命、企业愿景、企业宗旨和核心价值观以外，更加注重企业精神与企业理念。

我们写作本书的目的和价值就在于深入揭示美国企业之企业文化的构成及其特点，从而帮助中国企业家分析它们的企业文化与我们的企业文化之相通和不同的具体细节，从而可以为中国企业更好地开展企业文化与企业管理的工作提供应用性的参考。

关于企业文化应该包括的内容及其应该发挥的作用，我们写了一本书叫作《企业文化与绩效管理及其互动影响研究》，关于企业文化管理在整个企业管理体系当中的地位问题，我们也写了一本书，即《企业一体化管理系统》。事实上，在那两本书当中，我们已经比较完整地建立起了相关于企业文化管理的理论描述体系及其应用研究框架，是以在本书当中我们要做的事情就是对美国杰出公司的企业文化进行应用性的研究，以发掘可以为我们的企业所参考和借鉴的理念、思想和方法。所以说，实用性是本书的研究特色之一。

此外，《美国杰出公司企业文化研究》是《企业文化与商业模式研究——对话美国中小企业家》的姐妹篇。在《美国杰出公司企业文化研究》一书当中，我们选取了美国顶级的十家公司作为研究对象，它们分别是埃克森美孚石油公司（ExxonMobil Corporation）、雪佛龙公司（Chevron Corporation）、威瑞森电信公司（Verizon Wireless）、JP 摩根大通（JP Morgan Chase & CO.）、波音公司（Boeing Company）、美国银行（Bank of America）、马拉松原油公司（Marathon Oil Corporation）、花旗集团（Citigroup）、富国银行（Wells Fargo）和宝洁公司（P&G），我们对这些企业的研究重点是解读它们之所以能够兴旺发达、持续成功的重要原因及其在企业文化管理方面的独特设计。而在《企业文化与商业模式研究——对话美国中小企业家》一书当中，我们则从美国本土选取了另外七家中小型的公司作为研究对象，它们分别是 Othot 公司、美食公园餐饮公司（Eat'n park）、JJ Gumberg 公司、Campos 公司、路桥资本公司（Bridgeway Capital Company）、国际维度发展公司（Development Dimensions International, Inc., DDI）和双 H 房地产服务公司（Howard Hanna Real Estate Services），针对这七家公司我们主要以访谈的形式与企业领导人们进行了交流，以实证分析的方式研究了这些公司的商业模式、企业文化，以及各自的管理经验。

我们同步写作这两本书的目的在于通过《美国杰出公司企业文化研究》解析美国大型和特大型公司的企业文化与商业模式，通过《企业文化与商业模式研究——对话美国中小企业家》解析美国中型和小型公司的企业文化与商业模式。借助这两本书的分工与写作，我们就可以立体、全面地为中国的企业家和企业管理者们比较全面地介绍美国大、中、小型企业的企业文化建设与管理经验，从而可以为他们提供有实用价值的借鉴与参考。

再者，我们还希望借助这两本书的写作传达这样一个信息，即无论是大型企业还是中小型企业都可以把企业文化运用好，都可以把企业文化体系建设好。美国的企业是这样，中国的企业也是这样。在国内，青岛鑫光正钢结构股份有限公司就是一个例子，因为特别重视企业文化建设与管理，起步于地方的这样一家小公司把事业越做越大，由小型企业做到中型企业，由中型企业做到了上市公司。

《美国杰出公司企业文化研究》和《企业文化与商业模式研究——对话美国中小企业家》同时还是我们计划当中的"西方英语系大国杰出公司企业文化研究系列"九本书当中的两本。另外七本书除了《企业文化与绩效管理及其互动影响研究》以外还有《英国杰出公司企业文化研究》、《英国中小企业企业文化与商业模式研究》、《加拿大杰出公司企业文化研究》、《加拿大中小企业企业文化与商业模式研究》、《澳大利亚杰出公司企业文化研究》和《澳大利亚中小企业企业文化与商业模式研究》。正如前面所说，我们写作这样一个系列丛书的目的就是要为中国的企业家和中国企业的管理者们立体、全面地介绍西方以英语为母语的大国它们的大、中、小型企业的企业文化建设与管理经验，从而于其中找到我们可以借鉴、参考和利用的地方。

　　《美国杰出公司企业文化研究》一书共分为七章，其中第 1 章"精神文化前四个要素"主要介绍和分析这十家杰出公司在企业使命、企业愿景、企业宗旨和核心价值观方面的设计，以及于它们设计当中所体现的共性特点和个性追求。通过这种介绍和分析我们力争梳理出企业使命、企业愿景、企业宗旨和企业核心价值的表述方式和设计路径，同时挖掘各个杰出公司于这四个方面的关切当中重点强调的思想和理念。

　　第 2 章"精神文化后两个要素和亚文化"分别介绍七家公司的企业价值观体系和一家公司的企业发展原则。其中这七家公司分别是雪佛龙公司、威瑞森电信公司、波音公司、美国银行、马拉松原油公司、富国银行和宝洁公司，综合梳理它们的价值观可以得到这样一些内容，即诚实、信任、尊重多样性、重视独创性、人与环境优先、追求优秀的绩效表现、责任、质量、安全、做良好的企业公民、确保利益相关者的成功、诚心为顾客服务、建设伟大的工作平台、有效地管理风险、追求杰出的管理、负责任地采取行动、充分重视和挖掘员工的力量、追求团队合作的力量、开放、建立友好的社区合作关系、结果导向、员工是竞争的优势所在、注重伦理道德、顾客永远正确、内部提升、人人是领导、主人翁精神、正直、积极求胜、尊重每一位员工、公司与个人的利益休戚相关、有策略地工作、创新、重视公司外部环境的变化和发展、珍视个人专长、力求做到最好、互相依靠、互相支持，等等。针对这七家公司丰富的企业价值观体系，我们不仅会全面地介绍它们的价值观是什么，而且还会分析为什么是这些内容，以及应该如何有针对性地借鉴和参考这些价值观。另外那一家公司就是 JP 摩根大通，对于 JP 摩根大通的 20 条商业原则我们也进行了详细的解读，以期从中找出其成功经营两百多年的秘密和可以帮助我们的企业首先建成百年老店的法则。

　　第 3 章"多样性理念与内部提升"要分析的是这些杰出公司共同坚持的一个重要理念，那就是"多样性理念"，以及由这一理念所催生的另外一个重要思想，那就是"内部提升"。社会发展的文化必然会影响到企业的文化，企业的文化一方面也会反映社会文化和历史的影响，美国的企业，尤其是大企业，它们重视多样性理念的原因也正是基于此：既要纠正历史上面向种族、少数民族、妇女等不同群体而存在的歧视的问题和错误，又要考虑到整个社会对于人的多样性需求的追求和满足，在这样双重外部因素的影响下，再加上内部培养人才和促进创新的两个强大动力，从而最终促成了美国企业多样性发展和重视内部提升的企业文化特色。为了研究美国企业在企业文化管理方面是如何重视"多样性和内部提升"理念的，我们解析了七家公司，它们分别是埃克森美孚石油公司、雪佛龙公司、威瑞森电信公司、波音公司、马拉松原油公司、富国银行和宝洁公司。其中，针对前面六家公司我们深入分析了它们"重视多样性，支持差异性，促进包容性"的多样性理念，并兼顾分析了其内部提升的思想；而针对最后一家公司，宝洁公司，我们系统地介绍了其内部提升的理念和它们非常注重内部管理的各项制度。以下这句话可以看作是它们公司在这个方面最完整的诠释："我们吸引和招聘世界上最优秀的人才，并且实行从内部发展的组织制度，选拔、提升和奖励表现突出的员工，而不受任何与工作表现无关的因素影响。"

第4章"员工理念与员工管理"要介绍和解读七家公司在员工管理方面的指导思想和具体措施。我们所选择的这七家公司分别是埃克森美孚石油公司、雪佛龙公司、威瑞森电信公司、JP 摩根大通、波音公司、花旗集团和富国银行，经过研究发现，这七家公司的员工理念和员工管理方法各有千秋，独具特色，而且都能够做到独领风骚于所在的行业，事半功倍地应用于所在的企业。其中，埃克森美孚石油公司除了有一个明确的员工发展理念以外，还有三个针对性非常强的具体工作措施。雪佛龙公司在一个总体理念的指导下特别强调安全的思想，并且非常重视对员工进行全面的培训。事实上，在这些公司的员工管理工作当中没有一家不重视员工的培训和员工的潜力发展。威瑞森电信公司建构了一个基础性的员工理念体系，同时强调保护员工的隐私和要求员工进行合理回避。JP 摩根大通的员工理念和员工管理方法最为丰富，它的核心员工理念是建立一个"全生命周期的员工管理和支持体系"，并主张在一个统一的目标引导下强化五个方面的具体工作，即招聘、培训、绩效管理和晋升、薪酬体系及继承规划五大领域。波音公司的员工理念最为特别，它只强调两个方面的内容，一个是"道德"，另外一个是"合规"，而于这两个理念的描述过程当中又融入了大量的先进的员工管理思想。花旗集团的员工管理注重五个方面的工作：建立和运行员工发展网络，建构21世纪多样性发展平台，发展和奖励人才，建构包容性的文化和环境，重视员工的健康和财富。富国银行的员工管理理念分为总体理念和具体理念两个方面，在这两个方面公司都提出了大量的而且是非常系统和非常富有哲理的真知灼见。

第5章"企业文化之其他理念"顾名思义就是研究除了"精神文化前四个要素"、"精神文化后两个要素与亚文化"、"多样性理念"和"员工理念"以外的其他一些有益于所在公司也有参考价值于我们企业的一些思想，在此我们主要研究了四个方面的理念，它们分别是"企业战略发展理念"、"创新发展理念"、"统一理念"和"文化优先理念"。关于战略发展理念，我们的研究对象是雪佛龙公司和富国银行。雪佛龙公司的企业战略被分成了两个层次，其中在公司层次上的战略设计非常注重理念的描述，而在主要业务单元层次上的战略则特别强调具体目标，这就是我们所一直主张的应该采用的战略设计方式。富国银行的企业战略被非常明确地写入了公司的企业文化手册，而且除了理念的设定以外，它还另外明确了公司的战略发展重点、企业发展的优先战略事项和企业未来的战略发展走向。基于创新发展理念我们选择的四家公司分别是埃克森美孚石油公司、雪佛龙公司、JP摩根大通和花旗集团。通过对这四家公司关于创新发展理念的研究，我们不仅可以从中感知创新的重要性和创新作用的具体表现，而且还可以掌握一些关于如何开展创新工作的思路和方法。针对"统一理念"和"文化优先理念"我们只介绍一家企业的思想，这家企业就是富国银行。富国银行不仅用它的"统一理念"很好地解读了我们所说的企业文化的统一功能，还比较全面地告诉我们作为一个具体的企业应该如何去做才能实现这种功能。富国银行关于文化优先的理念其核心思想就是"企业文化永远优先于企业发展的规模"。

第6章"行为文化与行为准则"主要介绍埃克森美孚石油公司、威瑞森电信公司、JP摩根大通、马拉松原油公司和波音公司的行为准则，以及由这些行为准则所反映出来的它们公司的行为文化。为了帮助大家全面了解这些公司的行为准则，我们首先列出了它们公司所制定的各种政策和规定的中英文目录，然后对这些目录当中所反映出来的行为文化作出了概括性的解读。然后于其中引入了各个公司关于行为文化的最为核心的诉求，以及最想要表达的思想。鉴于篇幅所限，我们没有办法把这些公司的所有行为准则和政策都一一地进行介绍和分析，但是经过我们的努力可以就此帮助大家了解如何使用行为准则去营造行为文化，以及为了营造企业想要的行为文化应该如何去设计公司的准则和制度体系。

第7章"美国企业家的经营管理理念"介绍八家公司的企业家信件和致辞，这些才华横溢和经验丰富的企业家们分别是来自埃克森美孚石油公司、雪佛龙公司、威瑞森电信公司、JP摩根大通、美国银行、马拉松原油公司、花旗集团和富国银行的领军人物。针对该章我们共设计了八节，每一节分为三个部分，第一部分介绍这些杰出公司掌门人的基本情况，主要介绍他们是谁，他们现在做什么，以及他们以前做过什么。第二部分中，我们会给出他们的致辞或信件的原文和译文。第三部分中，我们会针对这些信件与致辞作出我们的分析。从这些致辞当中除了可以看出这些企业家们所营造的企业文化氛围与所在企业的经营管理理念和公司取得的伟大成就，以及面对困难和挑战时的态度以外，还可以看出这些年薪在一两千万美元以上的商业大佬们对于所在行业的认识，对于自己企业之企业使命、企业宗旨和企业价值观的坚持，以及他们对于世界经济形势和自己的企业应该肩负什么样社会责任的看法。

经过以上研究我们还得出一个关于如何设计企业文化以及如何使用企业文化管理企业的一个路径，那就是：先行提炼公司的企业使命，界定清楚我们是谁，我们要成为什么样的企业；然后基于这个企业使命作为指导，设计公司的企业宗旨、企业愿景、企业价值观（企业精神）、企业总体工作理念和企业的亚文化与行为文化,以及物质表象文化和制度表象文化。其中,企业宗旨要说明我们是为了谁而存在的,也就是为谁生产产品和为谁提供服务,要满足哪些相关利益者如员工、顾客、股东、社区、社会、环境什么样的需求。企业愿景应该说明我们要到哪里去,要走多远。企业价值观(企业精神)与核心价值观告诉我们应该如何为谁而工作,在工作过程当中我们应该坚持以什么样的精神面貌出现。企业总体工作理念和企业的亚文化系统说明我们的工作态度和在工作过程当中应该坚持的指导思想。以行为表象文化为代表的表象文化如何在精神文化的指导下结合物质表象文化和制度表象文化的共同作用以形成企业运作的风格和员工整体工作的氛围。

我们在写作这本书时把握了五个方面的要求,它们同时也是本书的五个特点。

(1)正如前面所说,作为《企业文化与绩效管理及其互动影响研究》那本书的延续,以及"西方英语系大国杰出公司企业文化研究系列"丛书当中的一部分,这本书直接使用了在那本里已经建构的"4S"理论分析框架,从而不再做理论上的探讨,只专注于挖掘目标企业之企业文化管理方面的应用价值,以为中国企业提供实用性的参考。此外,我们是以解读为主而不是以翻译为目的的,所以它从根本上看不是一部译著,而是我们对于美国十家杰出公司企业文化管理的深入分析,并且在其中还融入了大量我们对于企业文化在现代企业管理过程当中应该如何应用的理解。

(2)我们在写作本书的时候所用的资料都是取自各个公司的网站,而且除了宝洁公司以外,我们都是直接翻译了英文资料而没有采用任何经过其他人翻译的二手信息。我们这样做的目的就是为了保证所做研究的客观性和真实性。当然,因为我们不是英语专业出身,所以在翻译和解读的过程当中难免会有纰漏,但这并不影响我们从整体上对于这十家杰出公司企业文化的把握。

(3)我们在这本书的研究内容上,重点分析的是企业文化当中最重要的精神文化,而且我们在这里以中国企业习惯使用的方式全面分析了美国企业精神文化的六大要素,并将它们的企业文化体系转化为我们中国企业家比较喜欢使用的模式。此外,我们还研究了企业亚文化和行为文化的内容,并且解读了对任何一个企业而言都非常重要的多样性理念、内部提升理念、员工理念、企业战略发展理念、创新发展理念,等等。最后我们还解析了八个世界级杰出企业领导人的经营管理思想,并用他们的思想来验证他们公司的企业文化内容。这样的研究既遵循了我们所建构的"4S"企业文化体系的设计,又体现了企业文化本身所具有的多样性和系统性的特点。

(4)在针对本书案例企业进行研究的过程当中,我们还在书中融入了大量的对管理思想方面的解读,这些解读是我们针对企业文化管理、企业战略管理、员工管理、创新管理等方面多年研究的心得，所以这样的研究除了具有应用性的价值以外，还具有管理哲学层面探讨的意义。

（5）虽然本书适合企业管理方面的专业研究生和工商管理硕士（MBA）的学生阅读，但是我们将之定位的目标群体主要还是企业家，以及企业的高管，所以我们不认为它是教科书，可读性与通俗易懂应该是它的特色。

在本书的研究过程当中，我们得到了众多美国朋友的帮助，他们分别是匹兹堡大学的 John Thomas Delaney 教授、Fredrick O. Kendric 博士和 William T. Valenta 博士，以及我在美国的另外一位年轻的朋友，她叫 Katie Rae Swanson。

目　　录

第1章　精神文化前四个要素 ······················· 1

　　1.1　基本情况介绍 ····························· 2

　　1.2　美国公司的企业使命及其分析 ··········· 3

　　1.3　美国公司的企业愿景及其借鉴 ··········· 10

　　1.4　美国公司的企业宗旨及其解读 ··········· 15

　　1.5　美国公司的核心价值观及其分析 ········· 20

第2章　精神文化后两个要素和亚文化 ·········· 23

　　2.1　情况介绍 ······························· 23

　　2.2　雪佛龙公司的企业价值观 ··············· 24

　　2.3　威瑞森电信公司的企业价值观 ··········· 29

　　2.4　JP摩根大通的商业原则 ················· 31

　　2.5　波音公司的企业价值观 ················· 39

　　2.6　美国银行的企业价值观 ················· 42

　　2.7　马拉松原油公司的企业价值观 ··········· 48

　　2.8　富国银行的企业价值观 ················· 50

　　2.9　宝洁公司的企业价值观与企业发展原则 ··· 53

第3章　多样性理念与内部提升 ················· 56

　　3.1　埃克森美孚石油公司的多样性理念与具体工作措施 ··· 57

　　3.2　雪佛龙公司的多样化理念与内部提升 ····· 64

　　3.3　威瑞森电信公司的多样性理念与内部提升 · 68

　　3.4　波音公司的多样性理念与内部提升 ······· 69

　　3.5　马拉松原油公司的多样性理念与内部提升 · 71

　　3.6　富国银行的多样性与包容性理念 ········· 73

　　3.7　宝洁公司的内部提升理念和具体制度 ····· 75

第4章　员工理念与员工管理 ··················· 78

　　4.1　埃克森美孚石油公司的员工理念与具体的员工管理措施 ··· 79

　　4.2　雪佛龙公司的员工理念与员工管理 ······· 82

　　4.3　威瑞森电信公司的员工理念与员工管理 ··· 85

4.4 JP 摩根大通的员工理念与具体管理措施 ……………… 88

4.5 波音公司道德与合规的员工理念 …………………… 94

4.6 花旗集团的员工管理 ………………………………… 96

4.7 富国银行的员工理念 ………………………………… 99

第5章 企业文化之其他理念 …………………………… 102

5.1 企业战略发展理念 …………………………………… 102

5.2 创新发展理念 ………………………………………… 111

5.3 富国银行的统一理念及其解读 ……………………… 115

5.4 富国银行文化优先的理念及其给予我们的启发 ……117

第6章 行为文化与行为准则 …………………………… 119

6.1 埃克森美孚石油公司的商业行为准则与行为文化 … 120

6.2 威瑞森电信公司的行为准则与行为文化 …………… 124

6.3 JP 摩根大通的商业行为准则与行为文化 …………… 131

6.4 马拉松原油公司的商业行为准则与行为文化 ……… 135

6.5 波音公司的行为准则与行为文化 …………………… 139

第7章 美国企业家的经营管理理念 …………………… 143

7.1 埃克森美孚石油公司的企业家致辞与经营管理理念 … 144

7.2 雪佛龙公司的企业家致辞与经营管理理念 ………… 151

7.3 威瑞森电信公司的企业家致辞与经营管理理念 …… 156

7.4 JP 摩根大通的企业家致辞与经营管理理念 ………… 159

7.5 美国银行的企业家致辞与经营管理理念 …………… 162

7.6 马拉松原油公司的企业家致辞与经营管理理念 …… 165

7.7 花旗集团的企业家致辞与经营管理理念 …………… 167

7.8 富国银行的企业家致辞与企业家管理理念 ………… 171

第1章　精神文化前四个要素

　　根据我们在《企业一体化管理系统》和《企业文化与绩效管理及其互动影响研究》两本书当中得出的研究结论，一个企业的精神文化主要包括六个方面的要素，它们分别是企业使命、企业愿景、企业宗旨、核心价值观、企业精神和企业理念，其中企业理念也可以被称为企业总体工作理念，因为与它对应的还有一个基础性理念体系，也就是我们所说的企业亚文化的内容。这六个要素之间的关系在那两本书当中我们都曾经有过深入的分析，在此就不再重复描述。

　　从系统性和全面性的原则上讲，精神文化的这六个要素应该同时体现在一个企业的企业文化体系设计当中，那样才算完整。但是，在具体的企业文化管理过程中也不是每一个企业都能做到"六点同时具备"，或者说多数企业没有做到"六点同时具备"，这多少有点遗憾。

　　在我们所研究的美国十家杰出公司当中，六要素在它们的企业文化当中是这样展现的：①十家公司对于企业使命都有描述，由此也可以看出企业使命之于企业发展的重要，以及这十家美国公司对于企业使命的共同重视。②对于企业愿景多数企业都能够进行描述，只不过有的企业直接使用了"企业战略"的说法，而没有使用"企业愿景"这个词汇。③在我们能够找到的资料当中，能够描述企业宗旨和核心价值观的企业各占到了一半的比例。④在这十家公司当中没有一家企业使用企业精神和企业理念这两个概念，相关的内容被它们设计成了企业文化的价值观体系和企业发展的原则体系，或者体现为我们所说的企业亚文化。之所以在美国企业的精神文化体系当中没有"企业精神"一词的使用，我们曾经做过调研，主要是因为在英语当中"精神"这个词很少用于去描述我们中国文化所理解的那种进取、拼搏类的精神状态，而多数用于描述与宗教、信仰或者其他方面相关的内容。可是在中国文化或者中国企业的精神文化当中是不能没有企业精神的，如果没有了企业精神，那么这个企业就根本谈不上有企业文化。

　　基于以上情况，再加上我们这本书是写给中国人看的，所以我们在此还是选用了中国企业家们比较熟悉的表述体系来介绍美国企业的企业文化内容。为此，我们把这十家美国杰出公司的精神文化六要素分成两章进行介绍，第1章介绍中美两国企业在形式上没有什么区别的企业使命、企业愿景、企业宗旨和企业的核心价值观。第2章介绍我们所说的企业精神和企业理念，但是使用美国企业常用的描述方式，即企业的价值观体系和企业发展原则体系，同时在其中也会介绍一些相关亚文化的内容。虽然亚文化这个概念是美国学者提出的，但是在美国企业的企业文化当中几乎看不到这个词语，也没有见到这些企业文化涉及亚文化的内容。我们理解的美国学者所说的亚文化在他们的企业当中事实上就是企业价值观和企业发展原则的细分描述。

1.1　基本情况介绍

我们这本书要研究的是世界排名前 100 的十家美国杰出公司的企业文化，事实上，在 2015 年进入世界排名前 100 的美国公司多达 32 家，从此也可以看出美国经济发展的强大实力，而这同时也是我们要研究一下美国此类杰出公司企业文化管理经验的主要原因。向最发达的国家中最成功的企业学习最系统的企业文化管理体系，这对已经快速成功的中国企业而言是一件"锦上添花"的事情；对于那些还没有意识到企业文化管理对于企业发展之重要，以及知道企业文化管理对企业发展之重要但是还不知道如何进行企业文化建设和管理的企业而言则应该可以成为一件"雪中送炭"的事情，这就是我们写作此书以及它的姐妹篇《企业文化与商业模式研究——对话美国中小企业家》的主要目的与价值所在。

此外，针对本章我们还有一个具体的目标，那就是希望读过它的企业家或者从事企业文化管理的高管人员能够从中学会如何提炼和表述企业使命、企业愿景、企业宗旨及企业的核心价值观的方法；或者把它们的表述方法与自己企业既有的、已经非常成熟的相关内容进行比对，以达到取长补短之目的。虽然我们已经做得很好了，但是我们不应该拒绝做得更好。

我们此次选择的十家样本公司分别是埃克森美孚石油公司、雪佛龙公司、威瑞森电信公司、JP 摩根大通、美国银行、马拉松原油公司、波音公司、花旗集团、富国银行和宝洁公司，它们分属于五个不同的行业，即石油化工、电信、航空航天、银行金融和日化消费品。因为这些企业实在是太有名了，它们的基础性资料随处可见，所以我们在此没有必要花费很多的篇幅去介绍它们是谁，它们在做什么。不过，通读全书以后你不仅可以从中看出它们是谁，它们在做什么，还可以看到它们是怎样做的，它们在做事情的时候又是怎样想的，它们是如何具体开展工作的，它们的目标是什么，它们与利益相关者的关系如何，它们为什么这么成功，它们将往哪个方向发展。对于这些问题的回答就是企业文化所要肩负的责任。

接下来我们看一下这十家杰出公司在 2015 年福布斯排行榜当中的位次及其与 2014 年对比发生的一些变化。其中，埃克森美孚石油公司在 2014 年的世界排名是第五位，2015 年的排名没有变化；雪佛龙公司在 2014 年的世界排名是第 12

位，2015 年也没有变化。根据这两年针对以上两家公司的比对分析可以看出，它们的业绩非常稳定，企业发展得非常成功。威瑞森电信公司在 2014 年的世界排名是第 42 位，2015 年前进一名，排在第 41 位；JP 摩根大通在 2014 年的世界排名是第 57 位，2015 年后退四名，排在第 61 位；美国银行在 2014 年的世界排名是第 65 位，2015 年退步较大，世界排名第 80 位；马拉松原油公司在 2014 年的世界排名是第 81 位，2015 年后退两名，排在第 83 位；波音公司在 2014 年的世界排名是第 90 位，2015 年前进五名，排在第 85 位；花旗集团在 2014 年的世界排名是第 82 位，2015 年后退四名，排在第 86 位；富国银行在 2014 年的世界排名是第 89 位，2015 年后退一名，排在第 90 位；宝洁公司在 2014 年的世界排名是第 92 位，2015 年后退八名，排在第 100 位。

这十家杰出公司的世界排名无论在近两年发生了什么样的变化，它们无疑都是所在行业里数一数二的，而且很多公司于所在行业都占据着不可撼动的霸主地位。此外，这些杰出公司还都是常青企业，它们多数的发展历史都在 100 年以上，其中一些公司甚至已经成功经营了 200 多年。分析这些公司，了解他们的企业文化，对于我们那些想要打造百年老店的中国企业而言实在是一件意义重大的事情。

1.2　美国公司的企业使命及其分析

"企业使命"对任何一个企业而言都是非常重要的命题，因为它要回答的是一个企业应该"成为什么样的企业"和"避免成为什么样的企业"这一根本性的问题。如果一家企业能够提出明确的企业使命，那就说明这个企业已经找到了清晰的发展方向，明确了自己的发展重点；而如果一家企业没有明确的企业使命描述，或是提不出清楚的企业使命界定，那就说明这个企业还不够成熟，这个企业的发展方向还不够稳定。一时如此不会影响大局，长期如此则必然会影响企业的全面发展。

因为"使命"这个词在我们的语库当中一直是一个比较严肃的词语，它要表达的思想也经常会给人以沉甸甸的感觉。因此，很多人在谈论企业使命时也会给它带上比较神秘或是非常严肃的光环。这其实是一种误解，也非常不利于企业员工们正确地接受它们的指导。事实上，如果换一个角度理解的话，我们所说的企业使命其实就是企业经营的基本哲学。哲学是什么？它只不过就是人们看待世界的视角和态度，以及人们改造世界的方法和工具而已。把企业使命理解为企业哲学然后再加上一点能够为他人、为社区、为天下苍生着想的责任感，便是对它最完美的解读。

美国的大公司在其企业文化体系当中非常看重对于企业使命的描述，在我们深度研究的美国十家杰出公司当中，没有一家公司在其企业文化体系当中少了针对"企业使命"的界定，而且这种界定几乎终其百年不变，由此也足以证明企业使命对于一个企业的发展有多么重要。

1.2.1　十家美国公司企业使命的描述

依据事物发展的逻辑可知，要想研究"怎么办"，首先应该知道"是什么"。所以在此我们要先把这十家公司的企业使命逐一地进行介绍，然后再从中分析我们可以借鉴的地方。经过我们的详细介绍，大家首先可以从中看出两个要点：每个企业都会有其独特的企业使命表述方式，并会借助这些不同的表述方式去充分表达自己的发展诉求；世界上没有任何两家企业会有完全相同的企业使命描述，也没有任何一家企业会经常变更其企业使命的内容。

以下就是这十家美国公司的企业使命描述情况。

1. 埃克森美孚石油公司的企业使命

埃克森美孚石油公司承诺成为世界第一的石油和石油化工公司，为了实现这个目标，它必须持续获得优异的财务和运营绩效，并让这些与它坚持的高规格的伦理标准紧密地联系在一起。

2. 雪佛龙公司的企业使命

雪佛龙公司的员工在世界各地从事着伟大的事业。

其成功源自员工和他们的承诺，以及用正确的方式去追求结果，这种方式的要求就是负责任地运营，高效率地执行，充分利用创新性的技术，并且为更有利的增长捕捉最新的发展机会。它的企业使命要求：在全世界为经济的可持续发展和人类的进步提供安全的必需的能源产品；做有能力的员工和有能力的企业并且信守承诺；善于作出正确的选择；要赢得投资人、顾客、政府、地方社区和员工们的赞赏，这不仅仅体现在要实现的目标上，还要体现在实现目标的过程当中；展现世界一流的绩效水平。

3. 威瑞森电信公司的企业使命

威瑞森电信公司的企业使命又被该公司称作是企业承诺，它的主要内容是："我们的公司要通过优秀的服务工作和杰出的沟通经验把客户永远放在第一位，通过重视顾客我们可以为战略合作伙伴带来稳定的回报，给我们的员工提供有挑战性和有意义的工作机会，为整个社会提供一些可以持久存在的价值观。"

4. JP 摩根大通的企业使命

JP 摩根大通已经服务顾客、战略合作伙伴和社会 200 多年了，自从公司成立之初就坚持着这样一个使命，对这个使命的最好描述来自公司的创始人 John Pierpont Morgan Jr.。他说，"我要强调的是任何时候我们的理念都是做第一流的公司，我们要有第一流的思想，并采用第一流的方式"。

5. 美国银行的企业使命

"我们是美国银行，一家帮助金融生活更美好的银行。我们把消费者、客户、社区和战略合作伙伴连接在一起，然后利用这种结合的力量使金融生活变得更美好。"

6. 马拉松原油公司的企业使命

马拉松原油公司的企业使命是比较有意思的，那是因为这个公司又被分成了两个分别独立的子公司，一个是马拉松石油公司，一个是马拉松石化公司。所以它们的企业使命是"一个令人骄傲的传统，两个郑重承诺的未来"。每一个子公司都把自己定位于为了持续地保证战略合作伙伴的增长而不断地努力工作。

7. 波音公司的企业使命

"我们努力工作，为了成就公司在航空航天工业领导者的地位。"

8. 花旗集团的企业使命

花旗集团的企业使命是作为一个可以信赖的合作伙伴为其顾客负责任地提供金融服务，以帮助他们能够不断地在经济上成长且有能力不断地进步。它最核心的活动就是帮助客户保证资产的安全，向外借贷，帮助支付和评估资本市场。这家公司有 200 年的经验帮助客户面对世界性最强挑战并为他们建构巨大的发展机会。这就是"花旗集团，全球性的银行，一个可以同时把上百个国家和城市几百万人联系起来的机构"。

9. 富国银行的企业使命

富国银行希望满足顾客的金融需求并且帮助他们借助金融而成功。

除此之外，富国银行在其企业文化手册当中还补充了这样一句话："我们早上醒来就去努力工作的原因是，我们希望能够帮助我们的顾客在金融上获得成功并满足他们在金融方面的需求，而这样做的结果就是我们为此而赚到了钱，除此以外没有任何其他的路可以走。"

它能够在金融方面成功且持续地为顾客服务是建立在这样一个前提之上："我们相信顾客在各个方面的需求都能够得到很好的满足，而且为此他们还节省了宝贵的时间和金钱。"因此，顾客们愿意让可以信赖的人为他们提供服务，因为这些人知道他们要什么，可以为他们提供值得信赖的指导与建议，而且可以为了满足他们的需求而提供领域广泛的金融产品和服务。

这种以顾客为中心的企业使命要求富国银行的员工工作认真、始终如一，而且意志坚定，他们正在稳步地朝着这个目标迈进，但是他们也还有很多事情需要继续努力。

10. 宝洁公司的企业使命

"为现在和未来的世世代代提供优质超值的品牌产品和服务"，"在全世界更多的地方，更全面地，亲近和美化更多消费者的生活"。

1.2.2 关于美国公司企业使命相关内容的共性分析

通过分析以上所列之美国公司的企业使命表述可以看出如下两个共性的特点。

（1）这些杰出公司对于自身的使命界定以及对于未来的描述都充满了信心，也满怀着斗志，而且这些公司的企业使命大多数界定了自己所在的行业，以及于所在行业当中企业应该占有的地位或是要努力追求的方向。

比如，埃克森美孚石油公司的企业使命，其内容表达就充满了霸气——"埃克森美孚石油公司承诺成为世界第一的石油和石油化工公司"；雪佛龙公司的企业使命描述充满了信心——"我们的员工在世界各地从事着伟大的事业"；JP 摩根大通的企业使命一点也不比埃克森美孚石油公司的逊色——"我要强调的是，任何时候我们的理念都是做第一流的公司，我们要有第一流的思想，并采用第一流的方式"；波音公司的企业使命描述同样直白——"我们努力工作，为了成就公司在航空航天工业领导者的地位"。

（2）这些杰出公司的企业使命多数描述了自己公司应该如何为顾客服务的方法或是工作的重点，而且多数公司的企业使命描述了自己要服务的对象以及与各个相关利益者之间的关系。

比如，雪佛龙公司的企业使命——"我们的成功源自我们的员工和他们的承诺，以及用正确的方式去追求结果，这种方式的要求就是负责任地运营，高效率地执行，充分利用创新性的技术，并为更有利的增长捕捉最新的发展机会"；

威瑞森电信公司的企业使命——"我们的公司要通过优秀的服务工作和杰出的沟通经验把顾客永远放在第一位，通过重视顾客我们可以为战略合作伙伴带来稳定的回报，给我们的员工提供有挑战性的和有意义的工作机会，为整个社会提供一些可以持久存在的价值观"；美国银行的企业使命——"我们把消费者、客户、社区和战略合作伙伴连接在一起，然后利用这种结合的力量使金融生活变得更美好"；花旗集团的企业使命——"我们最核心的活动就是帮助客户保证资产的安全，向外借贷，帮助支付和评估资本市场"；富国银行的企业使命——"这种以顾客为中心的企业使命要求我们工作认真、始终如一且意志坚定，我们正在稳步地朝着这个目标迈进，但是我们还有很多事情需要继续"；宝洁公司的企业使命——"为现在和未来的世世代代提供优质超值的品牌产品和服务"，"在全世界更多的地方，更全面地，亲近和美化更多消费者的生活"。

1.2.3　关于美国公司企业使命相关内容的个性解读

除了共性的特点以外，每个企业的企业使命还都具有自己的特色，下面我们就分别看一下它们的突出之处分别表现在哪里。

（1）埃克森美孚石油公司的企业使命突出了三个方面的特色。其中之一是明确提出要在这个行业成为"老大"的思想，这一点我们前面已经说过，足够霸气，而且以如此方式并且如此直白地表述纵观中外的企业实不多见。其中之二是把坚持高规格的伦理标准写入了企业使命，由此可以看出公司对于伦理道德在企业发展过程当中的重视，事实上，这样内容和这样方式的企业使命表述也不多见。其中之三是把要做"老大"的思想与公司应该实现的具体目标进行了对接，在承诺成为世界第一的石油和石油化工公司的同时，还强调必须持续获得优异的财务和运营绩效。多数公司在描述它们的企业使命时，要么说得"高大上"，要么说得"贴地皮"，说得"高大上"的注重的是远景、目标、地位，说得"贴地皮"的注重的是方法、措施和路径，而像埃克森美孚石油公司的企业使命这样既说得"高大上"又能"贴地皮"的也不多见。

有特色的才是值得我们参考的，埃克森美孚石油公司的三个"不多见"就是我们可以借鉴的地方。有的人可能会说针对第一个"不多见"将无法学习，这样说的话就是存在着理解上的偏差，我们建议大家要学习的是这种企业使命描述背后所反映的企业精神，以及企业认真对待自己发展方向的态度，而不是让你照抄人家的思想，照搬人家的文字。

（2）雪佛龙公司的企业使命描述有两个突出的地方，其中之一体现在它的表述结构上，这是我们最喜欢的一种方式，那就是先提炼一个总括性的思想，然后再用诸多的层次去深入解析它的具体内涵。或者说提出一个指导性的理念，然后再对这个理念进行深入的解读，以帮助员工、客户、股东和社会人员去理解这个理念的内容和企业发展的诉求，并能同步记住这个概括性的理念描述。让别人知道，让自己人记住，让所有的人都能够理解，是这种描述方式的最大优点，它不仅适用于介绍一个公司的企业使命，而且还适用于介绍一个公司的企业愿景、企业宗旨、企业总体工作理念与核心价值观。

雪佛龙公司的企业使命描述另外一个突出的地方就是在对总括性思想进行解读的时候，公司提出了具体的行动纲领，这个行动纲领非常具体也非常详细，所以它内含了企业的行动路线及非常明确的目标体系。深入梳理一下可以看出这样一些要点：员工是企业宝贵的财富和资源；企业要用正确的方式做正确的事情；企业经营对自身提出的要求是负责任地运营，高效率地执行，充分利用新技术，尽量捕捉新机会；企业的责任是提供能源产品，员工的责任是提高自身的能力；要保障相关利益者的利益；既注重目标也注重过程；争取成为世界一流的企业；等等。外部人员读了雪佛龙公司的企业使命以后都可以有上述感受，而深谙这个使命描述的内部人员就不会只有表面上的感受而已，这个使命会转化为他们自己的思想并全面指导他们的行动。而我们判断一个企业之企业使命描述是否成功的标准就在于此，"外部人能懂，内部人能用"。

（3）威瑞森电信公司的企业使命更像是一个企业宗旨，企业宗旨的主要目的和作用就是去剖析企业与员工、客户、股东、社会和环境之间的关系，它要说明的就是企业为了谁而去发展。当然，我们说这个企业使命像一个企业宗旨，但它毕竟还不是企业宗旨，至少威瑞森电信公司是把它当作企业使命来看待的。从企业使命的角度看，这个描述体现了客户第一的思想，强调了服务与沟通的理念，非常重视战略合作伙伴的利益以及员工的全面发展，并且希望留给社会的不只是物质上的财富，还应该有一些可以持久存在的价值观。

这些描述当中的每一条都是我们可以借鉴和思考的内容。

（4）JP 摩根大通的企业使命也是独具特色的，而且这个特色是其他企业可以学习但却永远无法超越的。为什么呢？因为它已经服务顾客、战略合作伙伴和社会 200 多年了。对其他的企业来说，200 年可以是一个追求的目标，但对 JP 摩根大通来说，那只不过是一个发展的基础。

基于 JP 摩根大通的企业使命，我们还可以坚定一个信念，那就是企业文化对于企业发展有着重要的作用，或者说是有着根本性的指导作用。JP 摩根大通自从公司成立之初就坚持着它们的企业使命，200 年以后，它们还在使用这个使命描述指引公司的发展："我要强调的是任何时候我们的理念都是做第一流的公司，我们要有第一流的思想，并采用第一流的方式。"也许正是因为有了这样一个企业使命作为指导，公司才能建立起强大的企业文化与管理体系，并成功地发展了 200 多年。

（5）美国银行的企业使命描述采用的就是我们前面所说的那种"贴地皮"的方式，而"贴地皮"的描述方式同时也是最接地气的方式，它能够最好地帮助企业使命实现落地的目标："我们是美国银行，一家帮助金融生活更美好的银行。我们把消费者、客户、社区和战略合作伙伴连接在一起，然后利用这种结合的力量使金融生活变得更美好。"

（6）马拉松原油公司的企业使命描述比美国银行的描述还直接，但是我们认为太过于直接或者是太过于简短的企业使命描述，往往其指导意义就会大打折扣。

（7）波音公司的企业使命描述采用的是我们前面所说的那种"高大上"的表述方式，这种表述方式虽然足够大气，但是如果没有匹配的"贴地皮"的语言进行解读的话，它也就只能起到指引方向的作用，但却不能够发挥指导工作的作用。当然，如果这个公司的企业文化比较健全的话，那么它会用它们的价值观体系去弥补企业使命不接地气的缺点。

（8）花旗集团的企业使命又呈现了一个完美的描述方式，它几乎融合了前面几家公司的所有特点。分析它的企业使命表述可知，首先它与 JP 摩根大通一样都是拥有 200 年以上发展历史的老公司，老公司最大的优势就是它长年不倒的经验，突出这一点就会赢得大多数人的信任或好感。虽然是 200 年的老公司，但是老公司发展的基础永远是帮助客户成功而不是倚老卖老："我们有 200 年的经验帮助客户面对世界性最强挑战并为他们建构巨大的发展机会。"此外，与美国银行的企业使命描述一样，它很注重"贴地皮"式的语言使用："花旗集团的企业使命是作为一个可以信赖的合作伙伴为我们的顾客负责任地提供金融服务，以帮助他们能够不断地在经济上成长且有能力不断地进步。我们最核心的活动就是帮助客户保证资产的安全，向外借贷，帮助支付和评估资本市场。"最后，与埃克森美孚石油公司相近，它在具体描述上也体现了"高大上"的风格："我们是花旗集团，全球性的银行，一个可以同时把上百个国家和城市几百万人联系起来的机构。"

（9）富国银行的企业文化是我们所研究的十家公司当中最为完善和最为丰富的，但是它对于企业使命的描述却不是最充分的，也不是最完美的。虽然如此，我们也绝对不能否定它对于企业使命描述的高度概括和高度凝练，这种描述方式事实上也是大多数企业采用的形式。

当然，加上那些补充性的内容以后就不一样了，如果把它与前面那句话视为一个整体的话，我们同样可以说这是一个完美的企业使命阐述。

（10）宝洁公司的企业使命其实也很完美，它在本质特点上是与花旗集团相近的，只不过它所使用的语言更简短，所表达的思想更直接："为现在和未来的世世代代提供优质超值的品牌产品和服务"，"在全世界更多的地方，更全面地，亲近和美化更多消费者的生活"。在这十家公司当中，只有宝洁公司的英文网站我们没有办法登录，所以也这只有这家公司我们使用的是它的中文资料。我们认为宝洁公司的企业使命界定是非常好的，但是这句中文翻译得似乎有点不太通顺，因为没有找到英文原始资料，所以也就只好这样使用了，相信大家可以看得懂它要表达的意思，只是表达的习惯与我们的汉语表述可能会有些差异。

1.3 美国公司的企业愿景及其借鉴

如果说企业使命是企业长期的或是终其一生的发展方向的话，那么企业愿景就是这个企业长期发展方向上的最为重要的目标，或者说是唯一的目标，有了这样一个目标作为导引，企业的各种管理工作就可以基于此而进行长远的设计和近期的安排。

企业愿景的表述方式每个公司也都不一样，有的直接一些，有的间接一些，有的抽象一些，有的具体一些，而且也不是所有的企业都会专门描述自己的企业愿景，有时它们也会以企业使命和企业价值来代替企业愿景的作用。但是如果从企业文化系统性的角度看，企业愿景与企业使命以及企业价值毕竟有所不同，所以还是应该专门进行界定为好。

1.3.1 九家美国公司企业愿景的描述

1. 埃克森美孚石油公司的企业愿景

埃克森美孚石油公司激励人们在所处的行业的各个领域都要保持领先的优势，那就要求该公司的各种资源包括财务、管理、技术和人才都能够得到合理的使用以及正确的评价。

2. 雪佛龙公司的企业愿景

企业愿景是雪佛龙之路的核心，那就是要成为一个全球化的能源公司：让全世界的人们敬佩其员工，赞扬其合作伙伴，叹服于该公司卓越的绩效水平。

3. 威瑞森电信公司的企业愿景

我们没有找到这家企业有关企业愿景的任何描述，但是我们找到了具有相关性的一种表述："威瑞森电信是一家全球领导企业，我们通过不断地创新交流方式和技术解决方案来帮助我们的顾客不断地革新和改善生活、工作和娱乐的方式。"这或者是这家企业曾经的企业愿景，也或者就是这家企业当下继续要努力的方向。

4. JP 摩根大通的企业愿景

我们也没有找到这家公司有关企业愿景的描述，但是我们也同样找到了类似的话："在我们要做和将要做的所有事情当中，有一个目标是最为重要的，那就是要不断地提高我们客户的体验。我们会经常回顾曾经努力的经历，但目的是为了有一个可以更好地服务客户的全新的视角，为了做到这一点，在每一个我们确定要进入的领域，我们都会做得更好，都要稳步地获得提高。"

5. 美国银行的企业愿景

我们同样没有找到这家公司有关企业愿景的描述，但是也找到了这样的一种表述："我们对所工作与生活的社区和地域有一个强有力的承诺，那就是通过我们的借贷、投资、广告、业务办理和用工，为我们所在的区域提供有价值的资源。"

6. 马拉松原油公司的企业愿景

马拉松原油公司的目标是成为一个最主要的独立开采商和生产商，为了做到这一点，公司需要在六个方面加强战略管理：践行公司的价值观；对公司的员工进行投资；不断地提高在金融财务方面的使用效率；坚定地强化管理；最大化且高质量地使用资源；传递长期投资与合作的价值观。

7. 波音公司的企业愿景

波音公司的企业愿景就是波音公司的企业使命，那就是："我们努力工作，为了成就公司在航空航天工业领导者的地位。"但是如何才能实现这样的一个愿景呢，这需要做到如下几个方面：波音作为一个整体而运营；不断地传递顾客的价值；创新引导；通过生产效率来保证不断的成长；整合全球的力量；注意顾客的细节和重点；保持技术和功能的优异性；大规模地进行系统整合；做全球化的公司；等等。

8. 富国银行的企业愿景

富国银行的企业愿景也是其企业使命："我们希望满足我们顾客的金融需求并且帮助他们借助金融而成功。"然后针对企业愿景，在其企业文化手册当中又做了这样的补充："只有一个愿景是不够的，我们需要一个战略来实现这个愿景，需要一个商业模式可以确保我们能够在任何经济环境下都能够成功，此外，我们还要特别强调执行。事实上，执行是最重要的，一个能够得到高效执行的好战略在任何时候都会打败得不到有效执行的伟大战略。对顾客不变的重视是我们战略的基础，即便行业快速发展和竞争形势迅速变化，有了清晰的战略一样可以指导我们持续迎接这些挑战，为我们的顾客做正确的事情。我们的战略驱动我们的选择，可以确保我们的努力不会付诸东流，并打造与竞争对手不同的差异性，最终为我们的团队成员、顾客、社区和战略合作伙伴建构永久的价值观。"

9. 宝洁公司的企业愿景

它的企业愿景就是："成为并被公认为是提供世界一流消费品和服务的公司。"

1.3.2 关于美国公司企业愿景相关内容的评述

以上就是这九家杰出公司的企业愿景，只不过在其中真正对企业愿景进行描述的只有四家公司，还有四家公司有着类似的描述，一家公司把企业使命与企业愿景合并起来进行了表述和使用。之所以会这样，除了前面我们已经说过的理由以外，还与这些公司于所在行业的领军地位有关。它们已经足够大、足够强，所以它们的战略性目标就只剩下"保持领先地位"和"不断完善自我"这两个方面。

此外，这些杰出公司在描述它们的企业愿景时多数喜欢使用具体的语言，而不是空洞地设置一个目标，这与国内的很多公司动不动就使用"成为行业领导者"、"争取全国第一"和"走出中国，面向世界"之类的话语相比更具有指导意义。比如，埃克森美孚石油公司的企业愿景是，"埃克森美孚石油公司激励人们在我们所处的行业的各个领域都要保持领先的优势，那就要求我们公司的各种资源包括财务、管理、技术和人才都能够得到合理的使用以及正确的评价"；雪佛龙公司的企业愿景是，"成为一个全球化的能源公司，让全世界的人们敬佩我们的员工，赞扬我们的合作伙伴，叹服于我们公司的卓越绩效水平"；威瑞森电信公司的企业愿景是，"我们通过不断地创新交流方式和技术解决方案来帮助我们的顾客不断地革新和改善生活、工作和娱乐的方式"；美国银行的企业愿景是，"我们对所工作与生活的社区和地域有一个强有力的承诺，那就是通过我们的借贷、投资、广告、业务办理和用工，为我们所在的区域提供有价值的资源"。

1.3.3 关于美国公司企业愿景相关内容的个性分析与借鉴

除了共性的特点以外，我们再看一下每家公司的个性设计及其在设计的过程当中能够提示给我们的在开展这项工作时需要注意的事项，由此我们也可以提炼出一些描述企业愿景的方法和路径。

（1）分析埃克森美孚石油公司的企业愿景可知，作为企业愿景，它应该与这家公司的企业使命相匹配，埃克森美孚石油公司的企业使命设定公司应该追求成为其所在行业的世界第一，所以它的企业愿景就激励其员工在这个行业的各个领域都要努力工作以保持全面的领先优势。多数公司在描述企业愿景的时候，也会同时提出实现企业愿景的要求。埃克森美孚石油公司为实现其企业愿景而提出的要求就是合理使用和正确评价其全部的资源。

匹配于企业使命所指出的方向，基于这个方向提出具体的企业发展目标，然后再概括性地指出实现如此企业愿景的要求，这是一种提炼企业愿景的做法。

（2）雪佛龙公司的企业愿景是要成为一个全球化的能源公司，而事实上它现在已经是一个全球化的公司了。只不过全球化的公司并非都是优秀的和令人称赞的，而成为这样的公司才是它们真正的"愿景"，为此它提出的追求和要求是让全世界的人们因为这个公司员工的卓越工作能力而产生敬佩，因为这个公司的合作伙伴优秀而进行赞扬，因为这个公司卓越的绩效表现而发出喷服。这样的追求其实是一个很远大的追求，这样的要求也是一个很高的要求，它甚至比希望成为行业领导者或是第一还要难。成为第一看的是数字，而成为令人称赞的公司则不仅仅要看数字，还要看企业管理的内功。当然，也正是因为这些目标的远大和艰难，所以它才能够成为企业发展的愿景。此外，这样的愿景设定就如同 JP 摩根大通的企业使命设计是一样的，它可以保持 200 年的有效性，甚至是更长的时间。

提出一些弹性的目标，密切关联企业的长远发展，并将核心的价值观注入其中，也是一种提炼企业愿景的方法。

（3）威瑞森电信公司的企业愿景采用的是一种"贴地皮"式的描述方式："我们通过不断地创新交流方式和技术解决方案以帮助我们的顾客不断地革新和改善生活、工作和娱乐的方式。"这样的企业愿景也可以用来替代公司的企业使命。有很多企业就是把企业使命和企业愿景合并到一起进行设计的，这事实上也是一种不错的选择。在本书的姐妹篇《企业文化与商业模式研究——对话美国中小企业家》当中，我们访谈的美食公园餐饮公司就是这样的一个企业，它们公司合并企业使命和企业愿景两个方面的内容打造了一个"微笑"的企业文化。

（4）JP 摩根大通的企业愿景同样采用的是一种"贴地皮"式的描述方式："在我们要做和将要做的所有事情当中，有一个目标是最为重要的，那就是要不断地提高我们客户的体验。在每一个我们确定要进入的领域，我们都会做得更好，都要稳步地获得提高。"我们把它的企业使命再拿过来看一下，就知道它为什么会设计这样的企业愿景了。它的企业使命是："我要强调的是任何时候我们的理念都是做第一流的公司，我们要有第一流的思想，并采用第一流的方式。"

追求第一流的发展使命，设计追求第一流的企业愿景，这也可以成为很多公司的参考，只不过参考这样的企业愿景设计的公司必须有一定的实力，或是有一个伟大的理想，否则的话，随便使用这样的语言就会有吹牛皮的嫌疑。

（5）美国银行的企业愿景与威瑞森电信公司的企业愿景在内容上很接近，其指导性也非常具体："通过我们的借贷、投资、广告、业务办理和用工，为我们所在的区域提供有价值的资源。"

但是这种企业愿景的提炼方式不是我们所推崇的。

（6）马拉松原油公司的企业愿景描述是这十家公司当中最为独特的一个，也是我们平常很少见到的一种。在它的企业愿景当中十分明确地强调了六个方面的内容，这六个方面的内容同时也是这家公司的六个战略，而这六个战略的规定也不是我们通常理解的那种设定战略的方法，这六个战略分别是："践行我们的价值观；对我们的员工进行投资；不断地提高在金融财务方面的使用效率；坚定地强化管理；最大化且高质量地使用资源；传递长期投资与合作的价值观。"针对这种界定战略的方法，在后面第 5 章当中我们会专门介绍一些公司的企业战略发展理念，在那里我们会比较深入地介绍这种方法以及这种方法背后所表达的诉求。

回头我们再看一下马拉松原油公司由这六个战略所构成的企业愿景，它事实上与雪佛龙公司的企业愿景很相似，只不过雪佛龙公司的企业愿景提出的都是一些弹性的目标，如"让全世界的人们因为这个公司员工的卓越工作能力而产生敬佩，因为这个公司的合作伙伴优秀而进行赞扬，因为这个公司的卓越的绩效表现而发出啧服"。而马拉松原油公司的这六个战略却都是刚性的：努力坚持并认真遵守公司的价值观；对员工进行投资；不断地提高在公司金融财务方面的使用效率；坚定地强化公司管理；最大化且高质量地使用资源；传递公司长期投资与合作的价值观。

描述一些长远的或长久存在的目标，设置若干个柔性或刚性的企业发展指标，并配以一个总体上的指导，这也可以成为一种提炼企业愿景的方法，使用这个方法的关键是在目标和指标的选择与设计上一定要注意它们的长远性以及现实可行性。但是，长远并不代表着不可实现，可以实现但又不能一时就会完成，或者说这样的目标或指标永远在路上，永远也不会有终止的时候，"它们就在那里，它们就应该在那里，它们就应该永远在那里，因为有了它们，所以企业可以成功，企业可以再成功，企业可以一直成功下去"。

（7）波音公司的企业愿景就是公司的企业使命，关于这一点我们前面已经做过分析。波音公司企业愿景值得借鉴的地方在于九个方面的补充说明，它们分别是：波音公司作为一个整体而运营；不断地传递顾客的价值；创新引导；通过生产效率来保证不断的成长；整合全球的力量；注意顾客的细节和重点；保持技术和功能的优异性；大规模的系统整合；做全球化的公司。这九个方面的补充说明与马拉松原油公司的六个战略非常相似，所以可以将它们等同起来进行理解。

（8）富国银行的企业愿景也是其企业使命，而且它也有补充说明，只不过它的补充说明与波音公司和马拉松原油公司的战略说明或补充说明有所不同。它界定的不是具体的目标，而是补充说明了如何实现这个企业愿景的方法，强调了战略、执行、重视顾客、价值观等内容。

（9）宝洁公司的企业愿景描述是我们最习惯看到的一种方式，它与富国银行的企业使命界定方式很相近，只有一句概括性的语言。但是，事实上我们更喜欢对这样的语言进行补充性的说明，以方便外部人员了解和内部人员理解。

"外部人能懂，内部人能用"依然是我们坚持的重要原则。此外，让外部人和内部人都能够知其然，而且还知其所以然是最为理想的一种境界。

1.4　美国公司的企业宗旨及其解读

企业宗旨通常要说明的是企业存在的原因、企业的发展原则，以及在企业发展过程中应该如何处理好与员工、客户、股东、社会、环境等因素的关系。在美国公司的企业文化当中，关于企业宗旨使用的词汇是 principle，这个词的另外一个意思就是"原则"。所以多数美国公司在描述其企业宗旨的时候要表达的思想就是在处理公司与员工、顾客、股东、供应商、社区、环境等之间关系时应该坚持的原则是什么。

通过比对分析这十家杰出公司，我们从其中的七家找到了明确的关于企业宗旨的论述，下面我们还是先行介绍它们的内容，然后再做延展性的分析和解读。

1.4.1　七家美国公司企业宗旨的描述

1. 埃克森美孚石油公司的企业宗旨

对于战略合作伙伴："我们承诺不断地提高他们投资的长期价值，以不负他们对我们的信任。通过负责任地运营有利的业务，我们希望投资人能够因此得到超额的回报。而这种承诺就是我们管理公司的主要动力。"对于顾客："我们会坚持不懈地发挥我们的能力以确保顾客们能够一如既往地满意。我们承诺进行不断的创新和作出及时的反应，并以最具竞争力的价格为顾客提供高质量的产品与服务。"对于员工："我们优越的工作环境可以为员工提供有价值的竞争优势。基于这种优势，我们会一直努力地去招募和留住优秀的人才，并且通过不断的培训和发展给他们创造最大的追求成功的机会。我们承诺，通过开放的沟通、信任和公平相待可以为员工们提供一个安全的具有多样化和个性化的工作环境。"对于社会："我们承诺在任何工作的地方都保持良好的合作公民形象。我们要坚持高水平的道德标准，遵守法律和法规，尊重当地的以及该国的文化。为了以上这些目标，我们致力于安全地和对环境负责任地运营工作。"

2. 雪佛龙的企业宗旨

雪佛龙公司的成功源自公司的员工和他们的承诺，以及用正确的方式追求结果，这种方式的要求就是负责任地运营，高效率地执行，充分利用创新性的技术，并且为更有利的增长捕捉最新的发展机会。

3. 威瑞森电信公司的企业宗旨

其企业宗旨为："我们努力工作是因为顾客期待着我们高质量的交流服务，我们通过我们的产品和服务为顾客传递超值的体验。我们所做的一切都是基于我们所建立的强大的网络、系统和过程。我们借助高质量的和负责任的产品所传递的都是最高水平的服务，因为我们为他们提供了他们能够信赖的服务，所以顾客为此而乐于向我们支付报酬。"

4. 花旗集团的企业宗旨

其企业宗旨为："花旗集团为了给消费者、合作伙伴、政府部门和其他机构提供广泛的金融服务和金融产品而永远不知疲倦地工作。我们用独创性的金融努力创造最好的产品以提供给我们的顾客和消费者，那将使所有的问题都可以得到轻松、有创造力和负责任的解决。"

5. 美国银行的企业宗旨

美国银行由这样的宗旨所引导："它帮助我们明确如何去管理这家公司，以及如何为消费者和顾客提供他们所需要的金融需要。第一是顾客驱动。我们工作的一个非常清楚的目标就是帮助个人、公司和机构能够获得更好的金融服务。我们倾听顾客的需求,把这些需求与我们的公司连接起来并为他们传递解决的方案。我们强调让顾客的交流变得更容易，让我们的专家更方便地为他们服务，让我们之间的关系更加友好。而且，当我们不断取得成功的时候，我们会将之与供应商、我们所在的社区和战略合作伙伴进行分享。第二是为员工提供优越的工作场所。美国银行努力成为一个吸引人才的地方；在这里，我们强调团队合作以取得成功；在这里，每一个人都是负责任和有能力的，他们可以为我们的消费者和顾客提供正确的选择；在这里，每一人都会受到尊重，每一个具有多样化背景的人都能够取得成功；在这里，每一个员工都可以尽情地释放其潜能。第三是管理风险。为了更加有效地管理风险，我们的公司必须变得更加强大，以帮助我们的消费者和顾客一如既往地实现他们的目标，使我们的战略合作伙伴可以一如既往地得到他们的回报。我们在各个方面强化训练以提高我们管理风险的能力，每一名员工都肩负着参与风险管理的责任。第四是进行卓越管理。第五是不断地向战略合作伙伴传递价值与回报。"

6. 马拉松原油公司的企业宗旨

因为马拉松原油公司被分成了两个相对独立的实体，所以我们可以分别看一下它的两家子公司都在坚持什么样的企业宗旨：①"马拉松石油公司通过负责任的生产石油和天然气以创造价值并满足世界经济增长对于能源的需求。为了做到这一点，我们针对战略合作伙伴和商业盟友采取负责任的行动，支持他们为了我们而工作，并且在我们管理未来承诺时不断地提高交流和沟通的水平，重点强调在经营和管理企业时保护我们的核心价值观，并以此来驱动我们的商业绩效。"②"马拉松石化公司通过为我们的顾客提供高质量的产品和服务来与我们的战略合作伙伴共同创造价值。我们坚定地相信，我们如何进行经营的行为要始终如一地保守我们的底线。作为一个结果，我们努力地采取负责任的行动以支持那些为我们工作的人，与我们一起工作的合作伙伴，以及我们工作在那里的社区。"

7. 宝洁公司的企业宗旨

宝洁公司的企业宗旨就是："为现在和未来的世世代代，提供优质超值的品牌产品和服务"，"在全世界更多的地方，更全面地亲近和美化更多消费者的生活。作为回报，我们将会获得领先的市场销售地位、不断增长的利润和价值，从而令我们的员工、股东，以及我们生活和工作所处的社会共同繁荣。"

1.4.2　关于美国公司企业宗旨相关内容的解读

如我们前面所言，通过以上针对这七家杰出公司企业宗旨的介绍我们可以非常清楚地看出，它们多数是在强调公司与顾客、与股东、与员工、与社会、与环境和与其他相关利益者之间的关系。比如，埃克森美孚石油公司的企业宗旨界定的是公司与战略合作伙伴的关系，与顾客的关系，与员工的关系，与社会的关系，以及与环境的关系。威瑞森电信公司的企业宗旨重点界定的是公司与顾客的关系。花旗集团的企业宗旨界定的是公司与消费者、合作伙伴、政府部门和其他机构的关系。美国银行的企业宗旨界定的是与消费者和员工的关系。马拉松原油公司的企业宗旨界定的是与战略合作伙伴和商业盟友的关系。宝洁公司的企业宗旨界定的是与员工、股东及社会的关系。

通过这种关系的界定就可以说明公司是为谁而存在的问题。

除此之外，多数公司还强调了应该如何为这些利益相关者服务的方法和重点。以埃克森美孚石油公司为例，这家公司的企业宗旨就非常清楚地分门别类地介绍了公司与战略合作伙伴、顾客、员工、社会、环境的关系，并为此作出了不同的承诺。再以美国银行的企业宗旨为例，公司明确提出了实现这些宗旨的方法在于五个方面：第一个方面是顾客驱动，第二个方面是为员工提供好的工作场所，第三个方面是管理风险，第四个方面是进行卓越管理，第五个方面是不断地向战略合作伙伴传递价值与回报。

1.4.3　关于美国公司企业宗旨相关内容的个性分析与借鉴

除了以上共性的特点以外，我们再分别看一下这些公司描述企业宗旨的方法以及其内含的对于自身的要求，基于此我们也可以学习一些设计企业宗旨的路径。

（1）埃克森美孚石油公司的企业宗旨不仅在形式上可以为我们提供一种参考，那就是使用最传统的也是最经典的方式去分别描述公司与战略合作伙伴、顾客、员工、社会及环境的关系，而且其具体的描述内容也为我们提供了很多可以参考的、能够实现这些良好关系的方法。这些方法首先强调的是在各个方面的发展目标，其次关注的是为了实现目标而应该采取的具体措施。

其中，在处理与战略合作伙伴的关系时，要以不断地提高他们投资的长期价值为目标，并且通过负责任地运营有利的业务，回报给投资人以超额的利润，从而可以得到投资人长期的青睐和始终如一的支持。

在处理与顾客的关系时，除了以追求顾客一如既往的满意为目标以外，还要强调工作的重点在于不断的创新和及时的反应，并以最具竞争力的价格为顾客提供高质量的产品和服务。

在处理与员工的关系时，以打造优秀的工作环境为目标，为了实现这样一个目标就要建构开放、沟通、信任和公平的企业发展氛围，从招募和留住优秀的人才，到以不断的培训和发展给他们创造最大的追求成功的机会，再到为他们提供一个安全的具有多样化和个性化的工作环境，就可以立体地建构起公司在人才管理方面的竞争优势，"有了优秀的工作环境就可以为员工创造有价值的竞争优势，有了这样的竞争优势就可以全过程地强化人才管理工作"。

在处理与社会的关系时，以保持良好的企业公民形象为主要目标，为此首先要坚持高水平的道德标准，这是对公司发展的内在要求；其次要遵守法律和法规，尊重当地的以及该国的文化，这是对公司发展的外在要求。

（2）雪佛龙公司的企业宗旨重点关注的是员工和员工做事情的方式，这与他们的价值观共成一个体系，而且与公司的企业使命一脉相承。前面我们曾经概括过这句话的要点，那就是：员工是企业宝贵的财富和资源；企业和员工要用正确的方式做正确的事情；企业经营对自身提出的要求是负责任地运营，高效率地执行，充分利用新技术和尽量捕捉新机会。在第 2 章当中，我们还会结合这家公司的价值观体系再度分析这些要点的内容。

（3）威瑞森电信公司的企业宗旨与雪佛龙公司的企业宗旨重点关注的对象完全不同，后者重点关注的是公司的员工，而前者重点关注的是公司的顾客。除了关注对象不同以外，在描述企业宗旨的方式上两者又非常相似，这种相似一方面体现在两家公司都是在重点强调与一个利益相关者的关系，而不是我们习惯上看到的公司与四个或是五个利益相关者的关系。两家公司在企业宗旨描述上的第二个相似之处在于，它们都为如何实现这种与单一利益相关者的关系而设计了丰富的补充内容，这些补充内容是机制，是路径，是方法，是目标，是途径，有了它们作为保证，公司所看重的这个关系就一定能够完美地实现和展现。

（4）花旗集团的企业宗旨描述在表面上看是强调了与消费者、合作伙伴、政府部门和其他机构的多方关系，但其实质上还是在强调企业与顾客和消费者的关系，其核心思想就是"我们用独创性的金融努力创造最好的产品以提供给我们的顾客和消费者"。

（5）美国银行的企业宗旨描述与埃克森美孚石油公司的企业宗旨描述非常接近。形式是我们比较欣赏的形式，内容也是我们比较赞同的内容。此外，美国银行的企业宗旨所涉及的关系对象与埃克森美孚石油公司的企业宗旨所涉及的对象也相同，都是在分析与顾客、员工、股东和社会的相处之道，而在论述的细节上，美国银行似乎更胜一筹。

事实上，美国银行与埃克森美孚石油公司的企业宗旨描述及其所扩展的内容是我们想向企业家推荐的，既推荐这种表述的形式，也推荐这种表述当中所包含的思想与方法。当然，如果再加上企业与社会责任和环境保护之间的关系，那就更加完美了。

（6）马拉松原油公司的企业宗旨与这家公司一样让人感觉非常有趣，两家子公司虽然说是一个整体，但却是实实在在的两家子公司。在很多地方它们共用相同的思想和相同的理念去分别指导各自子公司的发展，在一些细节之处又会略微地分出差别。

我们先看一下马拉松石油公司的企业宗旨。这种描述企业宗旨的形式与前面几家公司都有不同；此外，从内容上看，它所关注的对象以及关注对象的方式与前面几家公司也有一点差别。我们先看它的关注对象，其所关注的对象主要是指向公司的外部，而没有强调企业的员工；而且，它的关注对象虽然是指向外部的，但是却没有提及关键的顾客和消费者。在企业宗旨当中不直接谈与顾客和员工的关系，这样的企业宗旨还不多见。虽然在关注对象上，马拉松石油公司的企业宗旨没有直接关注员工和顾客，但是对于员工和顾客，它不是没有要求或目标。其中对于员工的要求是，在经营和管理企业时保护我们的核心价值观，如果没有员工的参与承担，保护企业的核心价值观就是一句空话。对于顾客提出的服务目标就是，"通过负责任地生产石油和天然气以创造价值并满足世界经济增长对于能源的需求"。"我们针对战略合作伙伴和商业盟友采取负责任的行动，支持他们为了我们而工作，并且在我们管理未来承诺时不断地提高交流和沟通的水平"，这句话当中所说的战略合作伙伴和商业盟友才是企业真正关注的对象，只不过针对这种对象，企业并没有十分具体的说明。最后公司提出了这个企业宗旨要实现的目标就是"驱动我们的商业绩效"。

针对马拉松石油公司的企业宗旨，我们感觉说得很好，说得也很深入，但就是有些事情似乎说得还不够清楚。

我们再看一下马拉松石化公司的企业宗旨，它在具体的描述过程当中比较系统地阐述了公司与顾客、战略合作伙伴、员工及社区的关系，但是它的论述与马拉松石油公司的企业宗旨相比又欠缺了一点深入和深刻。如果能够把这两家子公司的企业宗旨描述合二为一的话，那就是一个非常不错的设计。事实上，这两家子公司或许就是这样想的，它们分别论述，然后又相互补充，从而成就其作为一个整体的企业宗旨描述。

（7）宝洁公司的企业文化在各个方面都让人感觉中规中矩，其企业宗旨的描述也具备这个特点。其中核心的思想就是，"我们将会获得领先的市场销售地位、不断增长的利润和价值，从而令我们的员工、股东，以及我们生活和工作所处的社会共同繁荣"。

1.5　美国公司的核心价值观及其分析

核心价值观是一家公司"最核心"的价值判断和价值取向，它要回答的是"公司如何存在"，以及"如何为谁而存在"的问题。通常而言，公司的核心价值观只有一个，而价值观体系当中所包含的价值观却可以有多个。按照我们的理解，除了核心价值观以外的价值体系可以归入企业精神和企业亚文化的行列，以更方便发挥它们指导员工的价值判断和精神引领的作用。但是美国公司通常并不使用"企业精神"这个选项，而是习惯于使用价值观体系这个范畴，而且也很少有公司只是提出一个价值判断，往往都是建构多价值观的价值体系，因此，并不是所有的公司都能够从其企业文化体系当中找到核心价值观的相关内容。在这十家杰出公司当中，我们只从威瑞森电信公司、波音公司、富国银行和宝洁公司的企业文化体系当中找到了明确的对于核心价值观论述。

1.5.1　四家美国公司核心价值观的描述

1. 威瑞森电信的核心价值观

其核心价值观可以表述为："我们每天工作 24 小时，每周工作七天，这样做的原因在于我们的顾客每天 24 小时需要我们，每周七天离不开我们。我们知道我们当下做得最好是为了明天的美好，而且我们也知道明天我们一定会做得更好。"

2. 波音公司的核心价值观

其核心价值观可以表述为："波音公司是一个这样的公司，它由一群令人惊叹的人组成并在世界上一个令人兴奋的行业里发展。如果你认为我们会为了过往的优异成绩而止步不前的话，那么你就错了，我们会不断地检验我们的能力并发展可以确保我们更加强大的、更有活力的航空事业。事实上，我们的文化可以反映出这一点，那就是我们会把发展的基础永远建立在创新、渴望和想象力之上。"

3. 富国银行的核心价值观

其核心价值观可以表述为："我们成功的基础可以总结为三个核心的信念，它们可以回答'我们是谁'和'我们在做什么'这样的关键问题。第一，我们的产品就是服务；第二，我们价值的体现就在于金融方面的引导；第三，我们的竞争优势就是我们的员工。"

4. 宝洁公司的核心价值观

其核心价值观可以表述为："宝洁品牌和宝洁人是公司成功的基石，在致力于美化世界各地消费者生活的同时，宝洁人实现着自身的价值。每天，在世界各地，宝洁公司的产品与消费者有四十亿次的亲密接触。为现在和未来的世世代代，宝洁人尽心尽力，确保我们的品牌实现我们对消费者的承诺：一点一滴，美化生活。"（图 1-1）

宝洁公司核心价值观

领导才能
主人翁精神
诚实正直
积极求胜
信任

图 1-1　宝洁公司的核心价值观示意图

1.5.2　关于美国公司核心价值观相关内容的分析

以上四家公司所描述的核心价值观各不相同，各具特点。

其中，威瑞森电信公司的核心价值观强调了对员工的要求，它同时也可以看作是对顾客的一种承诺，这种要求与承诺的结合是为了公司当下的成功和明天的成功。分析一下威瑞森电信公司的核心价值观内容可以感受到，其描述既非常直接明白，又非常具体适用，所以具有很强的现实指导意义。

波音公司的核心价值观表面上看是强调了公司成功发展的三个方面的要素，那就是不断地创新，对于未来和成功充满渴望，以及鼓励员工充分发挥想象力，而实际上其重点还是在强调员工的作用。有了这样三个方面的因素作为保证，员工就会充满斗志，公司就会充满活力，所以说，"波音公司是一个这样的公司，它由一群令人惊叹的人组成并在世界上一个令人兴奋的行业里发展"。

富国银行的核心价值观也是在强调影响和支配公司发展和不断取得成功的主要力量，这个力量一方面源自企业上下的服务理念，另外一个就是企业的员工。所以说，"我们的产品就是服务，我们价值的体现就在于金融方面的引导"，而"我们的竞争优势就是我们的员工"。

如图 1-1 所示，宝洁公司的核心价值观事实上是强调了五个方面的内容，包括领导才能、主人翁精神、诚实正直、积极求胜和信任，而其核心还是宝洁的品牌和宝洁的员工。"宝洁品牌和宝洁人是公司成功的基石，在致力于美化世界各地消费者生活的同时，宝洁人实现着自身的价值。"

通过以上四家公司核心价值观的分析我们可以看出，多数企业在表述或界定其核心价值观时都喜欢或习惯于把重点放在员工身上。它们或者对员工提出要求，或者对员工寄予厚望。概括它们的思想我们可以将之总结为两句话："员工就是企业竞争的优势源泉"，"我们要充分发挥员工的全面作用"。

第2章 精神文化后两个要素和亚文化

在第 1 章里我们介绍了美国企业在设计企业使命、企业愿景、企业宗旨和核心价值观时常用的表述方式及其所要强调的重点内容，以及它们对于我们中国企业的可借鉴之处，在这一章里我们将继续介绍精神文化六要素当中的第五个要素和第六个要素，即企业精神和企业理念的内涵要求与设计特点。根据我们的理解，"企业精神"应该表述为英文 company spirit，"企业理念"应该表述为英文 company ideas，但是在我们的研究过程中发现，美国企业一般不使用这两个词，而是使用 values（价值观）或者 principles（原则）这两个词来表达相同的内容。此外，虽然是美国学者首先提出了"企业亚文化"的概念，但是在现实的企业管理过程当中多数的美国企业并没有清楚的"企业亚文化"设计，values 和 principles 所包含的诸多内容其实也就是该企业最主要的"亚文化"要求。

基于以上情况，我们从这十家美国杰出公司当中找出了八家具有清楚的价值观体系或是发展原则体系描述的公司，它们分别是雪佛龙公司、威瑞森电信公司、JP摩根大通、波音公司、美国银行、马拉松原油公司、富国银行和宝洁公司。通过分析和解读这八家公司的价值观和发展原则，希望从中可以找到有助于我们中国企业在设计企业精神和企业理念时能够参考的思想、理念、做法及其比较详细与特别的描述方式。

2.1 情 况 介 绍

根据我们的理解，企业精神是精神文化的基础内容，它要说明的是一个公司之全体成员应该以什么样的精神状态去工作、学习和生活。企业理念就是一个公司总体上的工作指导思想，与它相对应的具体理念体系就是企业的亚文化，或者也可以称作是"基础理念体系"。

企业精神虽然是以公司组织的名义提出的，但是指导的却是每个成员个体的行动，所以它比核心价值观更容易发挥微观指导的作用。而与每个成员个体自发形成的精神不同，企业精神是从整体上指导所有成员个体的行为，因而在结果上它又变回了公司组织的精神，而不是员工个人的精神，尽管这些精神离开了员工的具体表现就无从展现。

在同一家公司之内，核心价值观一般只有一个，否则就不能称之为"核心"

的价值观。企业理念也只有一个，因为它是从公司组织整体的角度去思考微观的工作如何开展，所以过多的总体理念有可能会分散员工的注意力，而没有办法去发挥它的总体指导作用，为了弥补企业理念微观指导作用上的欠缺，公司需要建构一个庞大的基础理念体系，也就是企业亚文化，以作为企业理念的补充。

企业精神往往会表现为多个方面，至于到底是几个方面没有任何的规定性，也没有规定的依据和理由，这要看公司在现实发展过程中想要强调什么精神，或者它们认为员工有什么样的精神状态对公司发展最为有利。在中国企业界存在着一个很有意思的现象，大多数公司或企业在提炼自己的企业精神时，一般喜欢提炼四个，或是提出四个。这或者是与汉语的语言表达习惯和人的记忆能力有关。汉语的表达习惯一般喜欢追求对仗，这就决定了不能选择奇数个；根据人的记忆能力和企业发展的需要，两个太少，六个或者八个又太多，所以四个是一个很好的选择。而美国企业在设计相关内容时却没有这种考虑，它们往往把企业精神和企业理念及成员的价值观与发展原则放在一起，有的是五个，有的是七个，有的是九个，还有的多达十几个。像 JP 摩根大通的商业原则是我们见到的最多的一个，它有整整 20 个方面的详细表述。

此外，正如我们前面所说，在美国企业当中没有明确的亚文化设计，所以这一部分的内容当中也包含着大量的亚文化要求。

2.2　雪佛龙公司的企业价值观

2.2.1　雪佛龙公司的企业价值观体系概述

雪佛龙公司的企业价值观体系一共包括七个方面的内容，并且在具体介绍这些内容之前，公司在其企业文化体系当中有一个概括性的描述。这个概括性的描述是："我们公司的基础就是建立在我们的价值体系之上，它使我们与众不同并且时时指引着我们前进的方向。我们在经营企业时肩负社会责任并严守道德底线，我们敬重法律，支持人的广泛权利，保护环境并且造福于我们工作的社区。"在这样一个概括性描述的指引下，雪佛龙公司认为如下七个方面的价值观对于公司的发展是最为重要的。

1. 坚守诚实态度

"我们待人与待己都会坚守诚实的态度，我们在所有的事务处理上都会坚持最高的道德标准，我们说到做到且想到做到，我们对我们的工作和行为高度负责并且义无反顾。"

2．建立信任

"我们相互信任，彼此尊敬，互相支持，我们每一个人都要努力赢得同事与合作伙伴们的信任。"

3．尊重多样性

"在我们工作的任何地方我们都会尊重和学习那里的文化，我们认为每一个人的唯一性都是有价值和值得尊敬的，不同的人和各种各样的观点都应该得到这种尊重。我们注重内部成长环境的营造，并且乐于为多样性的人员、思想、才能和经历搭建平台。"

4．重视独创性

"我们不断地寻找新的发展机会且乐于见到打破常规的工作方法，我们借助创造力去发现和寻找事先没有想到的、用来解决问题的现实可行的办法，我们的经验、技术和毅力可以确保我们能够战胜任何的挑战，并在这个过程中传递我们的价值。"

5．强调合作

"我们有一个永恒的承诺，那就是永远做一个优秀的合作者，致力于建立强调效率、共同努力、彼此信任和多方受益的合作关系，和政府部门、其他公司、我们的顾客，以及我们所在的社区共同成长和进步。"

6．人与环境优先

"我们把工作环境的健康和安全，以及保护环境和财产置于最优先考虑的地位，我们的目标是通过严格执行我们的优秀操作管理系统以赢得世界一流的绩效并因此而广受尊重。"

7．追求优秀的绩效表现

"我们承诺在我们所做的每一件事情上都力争优秀，而且我们会不断努力地去提高它们，我们满怀热情地去追求超乎预期的结果，这些结果既属于我们，也属于我们的合作伙伴。我们追求优秀结果的努力源于我们的能力和紧迫感。"

2.2.2　对雪佛龙公司企业价值观的评价与思考

分析雪佛龙公司的价值观体系可以发现，这家公司最为看重的价值观是"诚实"，用英语描述就是 integrity，而 integrity 这个词除了有"诚实"的意思以外，还有"正直"的意思，也就是说"诚实正直"被雪佛龙公司认为是企业和员工在做人和做事方面应该坚持的第一条准则。而在威瑞森电信公司、JP摩根大通、波音公司、美国银行、马拉松原油公司、花旗集团、富国银行和宝洁公司的企业价值体系当中也都提到了"诚实"的思想，而且绝大多数公司都把它视作企业价值体系的第一价值观。由此可见，这些杰出公司对于"诚实正直"这个价值观的重视。这样的一个现象既有一点让我们感到意外，也有一点让我们觉得惭愧，中国很多的公司在设计企业文化尤其是提炼精神文化之企业精神时，往往更看重的是拼搏、进取、创新、奋斗、卓越这样激励人心、激励斗志的内容，而很少有公司把"诚实"放在"企业精神"的第一位。可事实上，如果没有了"诚实"作为基础，那么所有的追求和奋斗就都有可能偏离正确的轨道，甚至会出现不择手段的现象，假货、冒牌货、价高质低、以次充好这样的事情就会时有发生。如果是这样，那么一个公司就永远也不可能成为伟大的企业，它的前景只能是一片暗淡，却绝对谈不上会有光明的未来。

除了把"诚实"作为企业价值体系的第一价值观以外，雪佛龙公司还对这一概念进行了解读，这种解读也让我们非常受益——"我们待人待己都会坚守诚实的态度"。"待人诚实"可以赢得别人的信任和尊重，"待己诚实"就会正确地认识自己，就可以做到实事求是不自欺，从而不会做能力所不及的事情，更不会因产生非分之想而犯错误。事实上，犯了错误也不要紧，关键是要敢于承认错误并且努力寻求改进它们的方法。在后面我们介绍的JP摩根大通20条商业原则的第12条当中对此也有解读。JP摩根大通认为，"我们必须建构起这样的文化，它可以基于事实、知识、建设性的争论和热情去追求成功，同时又有勇气去面对常犯的错误。也就是说，我们必须对自己绝对诚实"。

"我们在所有的事务处理上都会坚持最高的道德标准，我们说到做到且想到做到"，前面一句话是对于一家公司能否做到诚实的最高要求，而后面一句话则是可以实现这一要求的最基础保证，"说到做到"是一种诚实，它是做给别人看的，"想到也要做到"是更高一级的诚实，它的思想是别人看不到的，我们也要去做，想到了却因为别人看不到而不做则不是完全、完整的诚实表现。"我们对我们的工作和行为高度负责并且义无反顾"，有了义无反顾的想法，那么就绝对不会害怕对人诚实，有了高度负责的自我要求，就必然可有诚实的表现，否则就失去了可以负责和能够负责的基础。

以上是我们对于"坚守诚实"这个价值观的再认识，而事实上有谁不知道这个词的含义呢，有谁不知道为了诚实而应该怎么做呢，知道什么应该做和知道应该怎么做并不等于就真的会去做，可做与不做的结果却是完全不同的。做者可谋大利，可得长远之利；不做者只能得一时之利，而且是一时之小利。如何取舍这一时之利和长远之利其实也是对一个人、一个企业家及一个企业的考验。在此，我们真心地希望中国的企业家们都是智者，中国的企业都可以把"诚实"作为自己企业的第一精神或是第一价值观，如此我们中国的企业将会在当下兴旺的基础上未来变得更加强大。

我们再看一下雪佛龙公司所重视的第二个价值观，同样还不是我们习惯上看到的那种激励人心和激励斗志的话语，而是我们感觉像是老生常谈的一个话题，那就是"信任"。可是越是常谈的话题和常见的话语，有时越容易被我们忽视，试想一下你现在身边有多少可以信任的人，又有多少人可以信任你。如果一个人真心实意地信任你，你会有什么感觉，是不是很开心，是不是感觉很幸福。一个人是这样，一家公司呢，一家被世人所广泛信任的公司它会有什么样的现在和未来呢，那一定是顾客盈门、财源广进吧，那一定是前途远大、光辉灿烂吧。为了当下的顾客盈门和财源广进以及未来的前途远大和光辉灿烂，我们是不是应该做一个可以让人信任的人，一家可以让人完全信任的公司。对那些只想着赚钱，只想着眼下一点蝇头小利，却没有远大志向，没有追求的经营者而言，说这种话他们是听不进去的。可绝大多数的企业家不是那样的人，所以他们自然懂得信任与被信任的重要，所以就请这样的企业家赶快把"信任"这个思想重新拾回自己企业精神或者企业价值观的系列吧，这是我们公司发展的本，是根，也是利器。

我们不知道雪佛龙公司是否真的做到了，但是他们起码说到了，"我们相互信任，彼此尊敬，互相支持，我们每一个人都要努力赢得同事与合作伙伴们的信任"。不过根据第一个价值观当中的描述，应该是"说到了就要做到"，而对我们的公司来说，"想到了就应该去做，做了就一定能够做得到"。

除了"坚守诚实"和"建立信任"以外，雪佛龙公司所看重的第三个价值观是"尊重多样性"，这又是美国杰出公司们普遍强调的一个价值观，为此我们将在后面第 3 章当中进行专题介绍，在此只是预先了解一下它们的描述以初步感受一下美国企业所说的多样性到底是什么样的一个要求。事实上雪佛龙公司关于这个方面的描述就可以代表美国公司的共同看法，"在我们工作的任何地方我们都会尊重和学习那里的文化，我们认为每一个人的唯一性都是有价值和值得尊敬的，不同的人和各种各样的观点都应该得到这种尊重。我们注重内部成长环境的营造，并且乐于为多样性的人员、思想、才能和经历搭建平台"。

你为人才搭建多样性发展的平台，其实就是为企业发展寻找多元化的舞台。

下面我们再看一下雪佛龙公司的第四个价值观，同样还不是我们希望看到的那种激励人心和激励斗志的话语，这次它强调的是一个叫作"重视独创性"的思想，"我们不断地寻找新的发展机会且乐于见到打破常规的工作方法，我们借助创造力去发现和寻找事先没有想到的、用来解决问题的现实可行的办法，我们的经验、技术和毅力可以确保我们能够战胜任何的挑战并在这个过程中传递我们的价值"。单纯把这句话读完我们似乎就已经受到了启发，因为它在此要表达的关于创新的思想已经跃然纸上，甚至可以说是力透纸背了，只不过雪佛龙公司在此用了一个更加人性化和更加有文化的表述方式来告诉我们，一家公司应该如何去追求创新以及如何去培养创新的精神。事实上，如果没有了独创性也就没有了创新，如果没有了对于独创性的尊重，也就不会为公司带来创新的成果，使用"重视独创性"这个思想不仅可以表达出公司对于创新精神的重视，而且还从总体上概括了如何重视创新的思路。接下来的描述就更加细致地分析了如何进行创新的工作方法：首先要不断地寻找新的发展机会；其次要鼓励、支持、提倡那些可以打破常规的工作方法；再次要培养员工的创造力，通过创造力的培养让每个人都可以去发现和寻找事先没有想到的，也没有经过计划和规划的能够解决现实问题的办法；最后要以经验、技术和毅力作为创新的基础和保证，这样就不会使创新者像个没头的苍蝇一样乱打乱撞；此外还有一点，无论在什么时候都不要忘记了于工作过程当中传递公司的价值，这才是公司所有工作的最高追求和发展重点。

雪佛龙公司的第五个价值观是"强调合作"，只不过它所说的这个合作不是指公司内部的协同，而是指如何处理与外部世界关系的态度，当然这种态度也是一种资源，或者说是一种可以整合外部资源的方法，"我们有一个永恒的承诺，那就是永远做一个优秀的合作者，致力于建立强调效率、共同努力、彼此信任和多方受益的合作关系，和政府部门、其他公司、我们的顾客，以及我们所在的社区共同成长和进步"。

经过我们的比对研究发现，雪佛龙公司的企业价值论述体系是一个由内而外的描述过程，先提出对于自己的要求，然后再分析与外部世界的关系，最后再落回到企业的诉求。根据这个逻辑，在第五个价值观之后的第六个价值观是一个过渡性的思想，然后到第七个价值观也就是最后一个价值观的时候就会重回对自己的要求。所以第六个价值观讲的是人与环境优先，这里既有对外部环境的承诺，也有对内部人员的保证，"我们把工作环境的健康和安全，以及保护环境和财产置于最优先考虑的地位，我们的目标是通过严格地执行我们的优秀操作管理系统以赢得世界一流的绩效并因此而广受尊重"。这里让我们感觉很受启发的不是其"人与环境优先"的思想，因为那个思想在我们看来对这样的公司而言是一件非常正常的事情，也是我们必须要学习的地方。而在这句话当中，真正让我们受启发的是其对于绩效表现的最高要求竟然是要获得广泛的尊重，这可就跳出了经济学的范畴而进入了社会学的领域，能够把社会学领域的能否受到广泛的尊重作为经济学范畴的最高标准实在是难得，而能够以被世人所广泛尊重作为追求的公司本身就应该受到尊重，那样的公司比单纯追求利益、利润、增长、市场、绩效的企业更有发展的前途。我们希望中国的企业都能把这样的追求作为企业发展的最高目标，那就是都要努力成为"广泛受到世人所尊重的企业"，这样的企业才是真正强大的，才会战无不胜，才可以一直存在并且可以永续发展。

正如前面我们所说的那样，雪佛龙公司最后一个价值观又回归到了对自我的要求，只不过这种要求融入了对于结果的期待，"我们承诺在我们所做的每一件事情上都力争优秀，而且我们会不断努力地去提高它们，我们满怀热情地去追求超乎预期的结果，这些结果既属于我们，也属于我们的合作伙伴。我们追求优秀结果的努力源于我们的能力和紧迫感"。

分析完了以上七个价值观以后，我们再来回味一下这家公司那句概括性的话，就会更加清楚地明白其中所包含的意思，"我们公司的基础就是建立在我们的价值体系之上，它使我们与众不同并且时时指引着我们前进的方向。我们在经营企业时肩负社会责任并严守道德底线，我们敬重法律，支持人的广泛权利，保护环境并且造福于我们工作的社区"。也许正是在这样思想和价值观的指引下，雪佛龙公司连续两年取得了世界排名第 12 的优秀成绩。

2.3　威瑞森电信公司的企业价值观

2.3.1　威瑞森电信公司的企业价值观体系概述

威瑞森电信公司的企业文化认为，判断一个公司是否伟大不是看它说了些什么，而是要看它做了些什么。对威瑞森电信来说，"最好的行动就是保持我们对于新方向和令人兴奋的领域的探索，这些价值观会引导我们的每一个行动"。为此，威瑞森电信公司把它的企业价值体系设计为四个方面，它们分别是"诚实"、"尊重"、"优秀的绩效表现"和"责任"。

1. 诚实

"诚实是我们做任何事情时都要坚持的核心品质，我们诚实、正直、坚守道德信念，我们把诚实视作一个基础，有了这个基础我们就能处理好与我们的顾客、社区、股东之间的关系。"

2. 尊重

"我们深信那是一个关键的思想，即尊重企业经营各个方面的每个人，我们重视多样性，也乐于为个性化搭建发展的平台，并愿意仔细聆听他人所言。"

3．优秀的绩效表现

"我们坚持追求高水平的绩效表现，鼓励创新性的思想并鼓励团队合作共同进行创新性地探索，我们从不会停止这样的追求，即持续地努力以帮助客户有更好的体验，且每天都能够找到满足客户需求的新的方法。"

4．责任

"我们要为我们的行动负责，无论是个人，还是团队成员，还是企业组织整体都要做到这一点。我们团结一致，相互支持，从不让我们的顾客失望。"

2.3.2　对威瑞森电信公司企业价值观的思考与借鉴

分析以上威瑞森电信公司的企业价值体系可以发现，在它所强调的价值观当中有两个是与雪佛龙公司相同的，那就是"诚实"和"优秀的绩效表现"，关于这两个方面的价值观我们在前面已经做过分析，在此就不再重复。

下面要看一下威瑞森电信公司所提到的而雪佛龙公司没有提到的价值观，其中一个是"尊重"，另外一个是"责任"。

在关于"尊重"的论述当中，威瑞森电信公司强调了三个方面的内容：第一个方面就是尊重多样性，而关于这个方面雪佛龙公司曾经有过专门的描述；第二个方面是尊重个性化，这就相当于前面雪佛龙公司所说的"重视独创性"，或者说是"重视独创性"的前提；第三个方面是公司愿意仔细聆听他人所言，这就相当于是"平等的员工管理理念"，有了这样的理念就可以调动全体成员全面参与企业管理的积极性，对此我们将在后面第 4 章展开专门的论述。

威瑞森电信公司的第四个价值观是"责任"，也就是每个人都要为自己的工作负责，这包括个人层面的责任、团队层面的责任和公司组织整体层面的责任。"我们要为我们的行动负责，无论是个人，还是团队成员，还是企业组织整体都要做到这一点。"关于"责任"的概念和观念是不需要多做解释的，它的基础要求就是要认真地做事情，认真地完成自己的工作任务，此外还要创造性地工作，帮助别人共同完成任务，"我们团结一致，相互支持"，最终的目标是"从不让我们的顾客失望"。从不让顾客失望就意味着企业的成功，企业的成功就代表着团队的成功，团队成功了以后个人自然也就会获得成功。因此，注重"责任"的企业就等于为"成功"做好了最充分的准备。

最后我们再看一下威瑞森电信公司企业价值体系的总体指导思想，即"最好的行动就是保持我们对于新方向和令人兴奋的领域的探索，这些价值观引导我们的每一个行动"。也就是说，威瑞森电信公司的这四个价值观除了可以引导每一个企业成员的行动以外，还能确保所有成员都能够参与探索企业发展的新方向和业务经营的新领域，如果借此可以使人人都愿意并能够参与创新的话，那么这样的公司就具备了强大的创新基础和创新文化，有了这两样作为前提，那么成就一个伟大的公司就会成为一种必然。

2.4　JP 摩根大通的商业原则

2.4.1　JP 摩根大通的商业原则体系概述

在我们所研究的这八家杰出公司当中，JP 摩根大通的企业精神与企业理念被概括为 20 条具体的商业原则，这 20 条商业原则又可以被划分成四个大类。

其中第一个大类是"杰出的顾客服务"，它包括三个方面的细节：①以客户为中心；②重视基层驱动、顾客驱动和低姿态服务；③努力建立世界一流的分支机构，进行长期投资，努力为顾客服务。

第二个大类是"卓越的经营管理"，它又包括七个方面的细节：④建立最高水平的绩效标准；⑤严格金融要求和风险管理纪律；⑥努力建构最好的内部管理和控制；⑦像主人和伙伴一样思考和行动；⑧努力建构最好的和最有效率的制度和运营体系；⑨严格遵守纪律；⑩以技术能力和紧迫感保证高效执行。

第三个大类是"对于诚实、公平和个人的承诺"，它包括五个方面的细节：⑪绝不放弃诚实；⑫尊重事实；⑬保持刚毅；⑭培育一种尊敬、包容、人性和谦逊的企业环境；⑮帮助公司工作和生活在其中的社区不断壮大。

第四个大类是"关于伟大的团队和赢的文化"，它也包括五个细节：⑯吸纳、培训和留住优秀的、多样化的员工；⑰建立团队，重视忠诚和道义；⑱建立开放的环境，让每一个人都成为创业精英；⑲诚实、清楚且前后一致地进行交流；⑳努力培养优秀的领导。

2.4.2　JP 摩根大通的 20 条商业原则内容与分析

分析 JP 摩根大通的这 20 条商业原则，我们可以发现它们具有非常直接和十分现实的指导意义。下面我们就逐条地进行介绍，并全面引入其公司自己的理解，这样不仅可以让我们知道它要做什么，如何做，而且可以了解它为什么这样做，以及这样做的目的是什么，希望借此可以帮助中国的企业家和各层级的企业管理者们能够从中得到一定的启发。

1. 以客户为中心

针对这一条，JP 摩根大通的解读是：

"我们必须记住投身于商业经营的一个主要原因就是要为顾客服务，如果我们这样做事情的话，那么我们就可以永远走在正确的方向上。

"通过持续的努力，我们不仅要满足顾客的需要而且还要超过他们的预期以帮助他们更方便于和我们做生意。我们要与顾客建构长期的合作关系而不只是成为一个短期的财富伙伴。

"顾客、社区和其他国家想知道我们将要在什么样的好时机里去与他们合作，更为重要的是，当时机变得很差时我们是不是还愿意待在那里，还会与他们在一起。事实上，欧洲就是一个很好的例子，在那里验证了我们的经营哲学。当希腊、爱尔兰、意大利、葡萄牙和西班牙在过去的几年里深陷金融危机的时候，我们决定待在那里与他们一起面对挑战，即使为此给我们带来了 50 亿美元的损失。但是我们一直和这些国家的顾客在做生意，有的已经超过了百年的时间。我们必须在他们困难的时候帮助他们，我们做到了，而且在未来如果有需要，我们还会这样做。

"我们希望永远以这样的方式去经营我们的企业。"

基于 JP 摩根大通的解读，我们再做一点补充。

为顾客服务，以客户为中心也是一个老生常谈的话题。可是这样一个常谈的话题对很多企业来说却未必能够常做。依据 JP 摩根大通的理解，不常做就会犯错。

很多公司都知道以客户为中心代表着什么，它代表着公司的发展，也代表着公司的未来，所以 JP 摩根大通能够坚信这一点，也愿意坚持这一条。只不过在其内心深处还是以马上就能够获利或是很快就能赚钱作为前提的，这似乎无可厚非，其实又犯了短视的毛病。

想做成百年老店，就要有百年的设想。

只注重眼前之利者，也就只能得到眼前之利，放眼未来之利者才可以获得长远之利。JP 摩根大通所举之例要说的就是这个道理。

2. 重视基层驱动、顾客驱动和低姿态服务

针对这一条，我们结合 JP 摩根大通的解读而做的理解是：真正地以客户为中心就要为客户谋取最大的利益，且不是一时之利，而应该是一世之利。

这句话可以看作是对前面第一条原则的补充，同时它还是第二条原则要描述内容的前提，既然是前提那就必须要坚守，而且绝对不可改变。

前提不可改变是为了给工作措施提供一个方向上的引导，而具体的工作要求是：

"必须提供优质的产品和服务，能够快速反应并且尽可能和非常有礼貌地提供帮助。

"除此之外，它同时还要求我们采用外向的而不是内向的重点，并能够及时地应对竞争。我们对于竞争必须保持清醒的认识且要采取有力的行动。

"基层是我们主要的阵地，在那里我们的员工与顾客紧密接触，这是我们可以获胜的资源，也是可以主动为顾客提供最好服务的地方。

"事实上，我们的力量就产生自我们的基层。"

我们也可以为上面最后这句话换个说法："员工就是我们的竞争优势。"这样的语言曾经出现在前面第1章中富国银行的核心价值观里，在其核心价值观的第三条当中说道，"我们的竞争优势就是我们的员工"。

3. 努力建立世界一流的分支机构，进行长期投资，努力为顾客服务

针对这一条，JP摩根大通的解读是：

"一个杰出公司的主要标志就是无论在什么样的经济形势下它都能够长期地为它的顾客服务并有卓越于自己竞争对手的绩效表现。任何一个公司都可以这样提高它赚钱的能力，即为了短期收益而冒更大的风险，或者大量地削减它们应该进行的投资，但这是一种事后会让人后悔的做法。

"我们的义务是建立在任何环境下都能够保持公司的活力，为了做到这一点，我们必须为顾客提供广泛的、全面的和高质量的系列产品和服务，同时兼顾利益和效率。

"此外，我们必须展示我们对内和对外两个方面的成长能力，对内我们重视新产品的开发和市场收益的分享，对外我们重视有价值的收购。

"最后，我们必须展示我们整体的力量，我们也深信团队合作的力量永远大于个体力量的相加。相互之间的帮助和努力成就他人可以使我们持久地保持竞争优势并建构全球性的伟大品牌。"

以上第1~3条原则的核心思想和最终目标就是为顾客提供杰出的服务。

4. 建立最高水平的绩效标准

针对这一条，JP摩根大通的解读是：

"每一个公司、每一个领导团队和每一个员工都应该建立他们自己的绩效标准，而我们的标准是要坚持最高水平的要求。我们永远不要羞于和最好的公司进行比较，也不要羞于从中找出我们的不足，'努力成为最好的'是激励我们不断地提高的主要动力。

"此外，我们应该知道个人的绩效总是很难判断的，管理人员的责任就是必须要在一定的范围内评价员工的绩效表现。

"领导者们是否诚实，管理者们是否雇用和培训了优秀的员工，管理者们建立的管理系统和程序是否可以长期加强公司的力量而不只是一时奏效，管理者们是否建立了真正的管理团队，在本质上是否是管理者们建构了持续的和长期的价值观，对于这些事情的回答和决定是需要勇气和判断能力的。"

5. 严格金融要求和风险管理纪律

针对这一条，JP 摩根大通的解读是：

"财务纪律是一个公司健康和成长的基石，这一点尤其适用于金融机构。良好的会计标准、公开的报告、优秀的信息管理系统可以确保高质量的收益，这种收益在本质上是可以循环的，也是可以预测的，它可以获得收益率较高的资本回报率，产生良好的利润率，并提供合理风险的相对资本部署。

"财务纪律必须和卓越的而不是普通的风险管理相匹配。如果我们能够很好地管理风险，我们就能不断地获得良好的回报，无论是在时机好的时候，还是在时机坏的时候都一样。我们必须可以预见不能够带来良好回报的商业循环，而且要远离它们，这虽然会减缓我们短期的成长，但却有利于我们长远的进步。这是我们要时刻注意的商业原则。"

6. 努力建构最好的内部管理和控制

针对这一条，JP 摩根大通的解读是：

"高效管理的关键就在于卓越的内部控制，它与所有的业务活动紧密关联，并表现为一系列的规则、预期和督察活动。这些可以帮助保护我们的声誉，而声誉是我们最为重要的资产，密切影响着公司的绩效表现和我们战略合作伙伴的最大收益。

"我们承诺建立优秀的控制系统，以及可以鼓励和回报风险管理的企业文化，对此在公司各个方面与各个层次上都会有一个非常清楚的框架。

"我们希望公众、管理者和我们的战略合作伙伴对我们充满信心，并且始终相信我们是这个世界上最安全和最优秀的银行企业。"

7. 像主人和伙伴一样思考和行动

针对这一条，JP 摩根大通的解读是：

"我们希望我们的员工能够像主人一样思考和行动，为此我们会提供给他们金融股份并让他们参加公平的以绩效表现为基础的奖励体系。此外，大公司需要大量的企业家和创新者，员工应该知道那是可以去尝试的身份即使他们有可能并不会成功。

"官僚主义、故步自封和玩弄权术是一个大公司的发展障碍，我们必须坚定且持续地与它们划清界限。适用的规则和程序是管理一个组织最为重要的控制手段和组织纪律，而没有必要存在的规则就会导致官僚主义。官僚主义可以破坏工作的热情、扼杀创造力、降低责任心，并让员工无法做好自己的本职工作，管理者也无法再把管理工作做好。"

8. 努力建构最好的和最有效率的制度和运营体系

针对这一条，JP 摩根大通的解读是：

"优秀的企业总是致力于建构最好的制度体系和管理结构，以此不仅可以满足客户们的产品需求，而且还可以为他们提供超出预期的服务。这样做的结果一定可以帮助我们成为一个稳定的和优秀的生产者，而不仅仅是为了削减成本。

"我们深信领先的技术和卓越的运营管理是金融企业成功的关键。我们必须坚持不懈地专注于整合和技术升级，积极巩固、精简和标准化我们的行动，所有这些都将有助于推动决策和保持我们在这个领域的权威地位。我们需要不断地努力以使我们的客户不仅可以获得更多，而且可以更好、更快、更便宜。"

9. 严格遵守纪律

针对这一条，JP 摩根大通的解读是：

"没有规矩不成方圆，有了纪律可以保证我们兑现所有的承诺。这意味着我们要定期举办业务评论、人才评价和团队会议，从而可以不断地、努力地改进我们的工作，从保有一个强大的工作伦理，到确保真实，再到注重细节。

"有纪律地进行领导就像是一种运动，它必须要坚定地持续下去，这样就可以把任何事情都能够做好。"

10. 以技术能力和紧迫感保证高效执行

针对这一条，JP 摩根大通的解读是：

"在整个公司里，我们必须在所有的时间都要建立高标准的绩效体系，而且要关注细节层次，重视紧迫感觉。事实上，大公司都会有做事情缓慢的倾向，因此需要领导者不断地向前推动。

"对一个企业而言，战略无疑很重要，而如同战略一样，高效执行也很重要，它是我们关联每个消费者和顾客的关键。为了高效地执行，我们必须遵守纪律而且要追求速度。因为官僚主义会降低这种能力，所以我们必须清醒地认清它并要将它及时予以清除。"

以上第 4～10 条原则既是对于卓越的经营管理的内涵解读，也是卓越地进行经营管理的要求和路径。

11. 绝不放弃诚实

针对这一条，JP 摩根大通的解读是：

"如果没有我们对于责任的承诺，对于道德的坚守，对于法律的尊重，就不会有我们的商业、生意和稳定的利润回报。我们不只是遵守那些管理我们行业的规矩和规则的字面解读，而更要坚守它们所要表达的精神引领，对此没有任何妥协的空间。在商业领域和其他领域一样，道德的标准不是偶然出现的，它必须在整个公司里得到培育和不断的强化。

"坚持最高标准的诚实表现为真诚地为我们的顾客、我们的员工、我们的战略投资者及所有的合作伙伴做正确的事情。正如 John Pierpont Morgan Jr.先生所说的那样，'我们要用第一流的方式去做第一流的事业'。"

12. 尊重事实

针对这一条，JP 摩根大通的解读是：

"我们必须建构起这样的文化，它可以基于事实、知识、建设性的争论和热情去追求成功，同时又有勇气去面对常犯的错误。也就是说，我们必须对自己绝对诚实。经验告诉我们，如果你问别人一些事，他们愿意告诉你事情的真相。我们希望成为这样的公司，即彼此之间可以进行这样建设性的交流。然后，这是管理过程当中最为艰难的，我们必须以刚毅和勇气去采取行动，无论它有多么困难。

"作为领导者，这既代表着一种荣耀，又象征着一种权力，他们有责任为正确地做事情竖立榜样。我们所有的人都必须致力于接受挑战和解决问题。要做到这一点的关键就是不断地学习，不断地交流思想，能够从所犯的错误当中吸取教训。我们承诺创建可以自我延续的文化，它能够持续不断地帮助我们提高，可以确保我们的公司能够在未来健康地发展。

"一个领导者应该学会冷静地思考，诚实地做事，不怕犯错误，且能够重视不断的提高。所有的报告必须是准确的，所有的相关事实必须进行汇报，充分的开放式应用必须形成固定的发展模式。"

13. 保持刚毅

针对这一条，JP 摩根大通的解读是："很多领导者忽略了刚毅的品质，他们必须为此采取行动，这就意味着要推动变革，要和官僚主义以及玩弄权术做斗争，要勇于承担起自己应该肩负的责任。"

14. 培育一种尊敬、包容、人性和谦逊的企业环境

针对这一条，JP 摩根大通的解读是：

"英明的领导者应该懂得正确地对待员工，尊重员工，无论他们是普通的职员还是大权在握的企业领导者。我们需要互相帮助以完成我们全面服务顾客的目标。

当一个强大的领导者考虑提升某个人时，他会挑选那些广泛受到尊重的人。领导人们也会经常反思自我：我真得想为他工作吗？我希望我的子女向他汇报吗？领导者们需要搞清楚这些事情才会决定要不要为他们服务并帮助他们建立和发展公司，这不只是领导者一个人的事情。

"为了更多的人可以成功，谦逊和包容的文化是非常必要的。"

15. 帮助公司工作和生活在其中的社区不断壮大

针对这一条，JP 摩根大通的解读是：

"我们相信创建一个强大的充满生气的公司不仅最终会让我们的战略合作伙伴获利，而且会让与我们接触的每一个人都能受益，这也是能够让我们回报我们所在社区的地方。

"从某种意义上说，我们把自己看作是一个小公司。如果我们是附近的商店，我们会创造暑期工作的机会，我们会赞助当地的运动队和支持附近的组织。我们在世界上很多的地方以这种方式进行经营，我们通过关注广泛的和重要的问题诸如教育和社区发展以增加价值。

"然而，我们最大的骄傲还是我们的员工，他们在全球范围内贡献了大量的时间和才华，并在全球范围内从事有价值的事业。我们的志愿服务因为成千上万员工的广泛参与形成了一个悠久的传统，并且还将继续坚持下去。"

以上第 11～15 条原则是"对于诚实、公平和个人的承诺"的解读。

16. 吸纳、培训和留住优秀的、多样化的员工

针对这一条，JP 摩根大通的解读是：

"我们需要不断提醒我们自己的重要事情是，我们要为员工创建一个健康的、充满活力的公司，尊重我们的员工并不断为他们创造发展的机会。每一个人都是有价值的，所以我们要学会互相支持。

"为了公司也为了顾客，我们必须做正确的事情，即使需要我们作出不那么受欢迎的决策或者放弃短期的利益。

"我们努力建构一个重视内部提拔的工作环境以激励和发现人才。我们希望所有的人都能够基于他们的绩效表现和对公司的贡献而得到各种各样的发展机会，绝对不会因为他们的信仰、种族、国别、性别等原因而受到区别对待。建构一个多样性的和重视内部提拔的工作环境需要巨大的努力和坚强的毅力，这就是为什么我们要把这项工作视作我们如何管理企业的一个不可缺少的部分的原因。"

17. 建立团队，重视忠诚和道义

针对这一条，JP 摩根大通的解读是：

"我们需要不断地吸纳和培训大量的多样化的管理者和领导者。伟大的管理者为了卓越的绩效而努力，在业务范围内外创建各种团队。伟大的领导者通过展示热情以快速完成艰巨的任务，并在这个过程当中不断地提升绩效且培养人才。

"我们知道忠诚和相互尊重是双向影响的，忠诚是每一个人都应该对他所在组织坚持的原则，如果使用不当，对个人来说它就是任用亲信的另外一种表现形式。同样，忠诚对员工来说并不代表着管理者可以安排任何一个特殊的工作给它。忠诚代表着健康的企业发展环境，通过告知员工事实真相并且给他们提供有意义的工作、训练和发展的机会。在员工们失落的时候，我们要给予他们需要的帮助。精英和团队是关键，但他们也经常会被误解。精英代表着可以把最好的人放在合适的岗位上，这可以提高组织公正的形象而不是让人感觉任人唯亲，不要'他们不在这里，照顾好他们的朋友'。

"坚持高标准的道义就要正视问题，努力解决并且实事求是，赢得尊重并且赢得成功。它不会来自过度地奖励员工或者只知道与员工说好话却不愿意作出艰难的决定，更不会来自培育极端的行为。虽然团队是重要的而且也需要坚持共同行动的准则，但同样重要的是每个员工都应该得到鼓励以随时站出来去做组织需要他们完成的工作。"

18. 建立开放的环境，让每一个人都成为创业精英

针对这一条，JP 摩根大通的解读是："我们需要创新的基因，这不代表着我们要在失败的主意上花费大量的金钱，它代表着我们要精确地考虑风险，预知成败。它要求我们必须具有前瞻性的思想，前瞻性地思考每一个对话、每一个分析和每一个战略。"

19. 诚实、清楚且前后一致地进行交流

针对这一条，JP 摩根大通的解读是：

"在任何时间都要分享信息是非常关键的，我们应该讨论问题、交流看法，而不是无视事实。最优秀的领导者会坚持反对官僚主义，他希望能够听到各种各样的声音，如果员工们没有在合适的时间里说出他们想说的话，他就会再次组织他们进行交流。

"对一个优秀的领导者而言，同样重要的是要走出办公室去倾听基层。任何人在会议上都可以自由地发言，而不用担心冒犯什么人。有人认为在一次会议上有

一个人说了真话就够了，事实上，那是远远不够的，如果只是一个人说了真话，那么这个公司就会有麻烦了，我们需要的是所有的人都能讲真话。"

20. 努力培养优秀的领导

针对这一条，JP 摩根大通的解读是：

"一个真实的领导者应该坚持高水平的诚实标准，这个标准要求他们对待顾客和员工像对待自己及家人一样。

"如果没有变革的能力，不能对最新的市场快速的变化作出及时的反应，不能预测到未来的变化走向，像我们这样的大公司就没有办法继续生存。能够帮助我们实现这些目标的人，如同我们组织未来的发展一样重要。

"好兵需要好领导带。但是一个坏领导对于一个组织而言是具有破坏性的，它会带坏很多人。坏的领导很难识别，也不易从组织中清除。但是我们知道大多数的领导为了能够值得他们骄傲的事情而工作，他们经常努力工作，不是因为必须，而是因为他们想这么做。他们为想要做的事情建立很高的标准，他们希望尽他们所能把事情做到最好。他们相信如果有对组织和团队更为重要的事情，那么他们就有义务去把它们做好。领导们要求忠诚，不是为他们自己而是为了他们所代表的组织。

"在我们公司和许多更好的公司的发展历史上，能够持续不断地培养出优秀的领导是企业得以发展的重要原因，它们经过了时间的考验。"

以上第 16～20 条原则是对"关于伟大的团队和赢的文化"的全面解读。

通过全面分析这 20 条商业原则，我们可以发现，它几乎涉及了企业管理的方方面面，既强调要求，也描述追求，更注重规划行动路线，对于我们的企业发展有着十分重要和系统的参考价值。

2.5　波音公司的企业价值观

2.5.1　波音公司的企业价值观体系概述

与雪佛龙公司的企业价值观体系一样，波音公司的企业价值体系也包括七个方面的内容，并且在具体介绍这些内容之前，波音公司也在其企业文化体系当中提出了一个概括性的描述："在波音公司，我们遵守一系列的价值观，它不仅仅可以界定我们是谁，而且给予我们行动上的指导以帮助我们实现公司未来的计划，此外，我们受到这些价值观的鼓励所以乐于每天都践行它们。"

在这样一个概括性描述的指引下，波音公司认为如下七个方面的价值观对于公司的发展是最为重要的。

1. 诚实

"我们走在高水平的道德之路上，以实现我们的承诺为荣，我们每个人都把完成自己的责任看作是应该之事而不只是任务。"

2. 质量

"我们力争第一流的质量，不断地提高自我，以期达到股东们所希望的每一个优秀标准之上的水平。"

3. 安全

"我们把人的生命和健康永远放在第一位，为此要采取具体的行动以保证工作环境的安全、产品的安全和服务的安全，我们既对自己的安全负责，也对他人的安全负责，在实现质量、成本和过程的目标的同时，我们绝对不会牺牲安全。"

4. 多样性和内部提升

"我们看重技术、力量和多样性团队的不同观点，我们创造一个可以合作的工作空间，让所有的员工可以共同致力于为顾客寻找问题解决的方案，并不断地推进我们的商业目标。"

5. 信任和尊重

"我们在所有的领域都要正直、诚实和始终如一地工作，我们要营造一种公开的和重视内部提升的文化，所有的人身在其中都可以受到公平的对待，所有的人在这里都有机会为企业贡献自己的力量。"

6. 做良好的企业公民

"我们是为之服务的多样性社区和顾客忠诚的伙伴、邻居和市民。我们为波音人、波音人的家庭及社区提高健康和财富的水平，我们会努力地保护环境，我们乐于支持和资助教育和其他有价值的活动。"

7. 确保利益相关者的成功

"通过有价值地运营并且坚守诚实的品质，我们会为顾客提供最有价值的创新和在他们市场上更具竞争力的优势；我们要确保我们的员工在一个安全和遵守道德的环境中工作，为他们提供更具吸引力和竞争力的报酬和收益，并让他们有能力分享公司的成功；我们回报投资者不断成长的价值；在法律和道义的基础上与我们的供应商开展合作；帮助我们所在的社区不断地进步。"

2.5.2   对波音公司企业价值观的研究与借鉴

解读波音公司的企业价值观体系我们可以从中得到三重借鉴。

在分析波音公司的企业价值观体系之前，我们再回顾一下雪佛龙公司和威瑞森电信公司的企业价值体系。其中，雪佛龙公司的企业价值体系包括七个方面的价值观，它们分别是"坚守诚实"、"建立信任"、"尊重多样性"、"重视独创性"、"强调合作"、"人与环境优先"和"追求优秀的绩效表现"；威瑞森电信公司的企业价值体系包括四个方面的内容，它们分别是"诚实"、"尊重"、"追求优秀的绩效表现"和"责任"。我们把这两个公司的企业价值观进行合并然后去除同类项可以得到九个价值观，它们分别是"坚守诚实"、"建立信任"、"尊重多样性"、"重视独创性"、"强调合作"、"人与环境优先"、"追求优秀的绩效表现"、"尊重"和"责任"。如果让"尊重"包含了"尊重多样性"的话，那就是八个；而如果把"尊重多样性"拆分成"尊重"和"多样性理念"的话还是九个。为了后面研究的方便，我们把"尊重多样性"视为"多样性理念"。

然后我们再看一下波音公司的企业价值观体系都有哪些方面的内容，它们分别是"诚实"、"质量"、"安全"、"多样性和内部提升"、"信任和尊重"、"做良好的企业公民"和"确保相关利益者的成功"。其中"诚实"、"多样性和内部提升"、"信任和尊重"这三个方面的价值观在前面两个公司当中都有所提及，在这里出现的重复性表明了它们的重要性。因为它们都被世界级的杰出公司所看重，所以我们的企业也应该非常重视它们，并且把它们引入我们的企业文化体系当中。

这是我们针对波音公司企业价值观体系进行研究所得出的第一个结论，也是第一重借鉴。

针对波音公司企业价值观进行研究得出的第二个结论是：因为不同行业的企业会受到所在行业特点的影响，所以在其进行价值观体系设计时就必须体现出自己所在行业的要求。以波音公司的企业价值观为例，因为它所在的行业是航空航天领域，这是一个略具风险的行业，所以他们就必须强调"安全"的价值观和注重"质量"的企业文化，且这种强调不能是一般性的强调，而应该是特别地进行强调，"我们力争第一流的质量，不断地提高自我，以期达到股东们所希望的每一个优秀标准之上的水平"；"我们把人的生命和健康永远放在第一位，为此要采取具体的行动以保证工作环境的安全、产品的安全和服务的安全，我们既对自己的安全负责，也对他人的安全负责，在实现质量、成本和过程的目标的同时，我们绝对不会牺牲安全"。

事实上每一个企业在其经营管理的过程当中都应该注意"安全"和"质量"，但是多数企业没有必要把它们提升到"精神文化"的层次去设计，而是可以把它们作为企业亚文化的两个内容来进行安排。只不过，对于像波音公司这样的企业就不能把它们放在企业亚文化的层次去强调，如果那样的话，其所强调的力度以及在具体执行过程当中的监督与监管的水平就有可能下降，这在他们看来是件非常危险的事情。

以上所论是我们研究波音公司企业价值体观得出的第二重借鉴。

分析了"诚实"、"质量"、"安全"、"多样性和内部提升"和"信任和尊重"以后，我们接下来看一下波音公司的另外两个价值观，按照它们的排序就是第六个价值观"做良好的企业公民"，和第七个价值观"确保利益相关者的成功"。

我们先看一下波音公司针对这两个价值观的解读。前者是"我们是为之服务的多样性社区和顾客的忠诚的伙伴、邻居和市民。我们为波音人、波音人的家庭以及社区提高健康和财富的水平，我们会努力地保护环境，我们乐于支持和资助教育和其他有价值的活动"；后者是"通过有价值地运营并且坚守诚实的品质，我们会为顾客提供最有价值的创新和在他们市场上更具竞争力的优势；我们要确保我们的员工在一个安全和遵守道德的环境中工作，为他们提供更具吸引力和竞争力的报酬和收益，并让他们有能力分享公司的成功；我们回报投资者不断成长的价值；在法律和道义的基础上与我们的供应商开展合作；帮助我们所在的社区不断地进步"。通过比对分析以上解读可知，这两个价值观的内容更像是我们在第一章当中介绍的企业宗旨。

事实上，在我们的观点和我们建构的企业文化体系结构里，就是要把这样的思想描述在企业宗旨当中，而不主张把它们作为价值观放在企业精神或企业理念里。说得再直接一点就是，我们的研究结论认为波音公司在这里提出的如此两个价值观及其描述的方式恰恰就是我们前面提出的企业宗旨的表述内容和描述规范。基于这个原因，建议我们的中国企业可以学习对企业宗旨进行如此描述，而不要把它们当作企业精神或者企业理念去借鉴和使用。

这是针对波音公司企业价值体观进行研究所得出的第三个结论，也是我们所说的第三重借鉴。

2.6 美国银行的企业价值观

2.6.1 美国银行的企业价值观体系概述

美国银行是我们在企业价值观方面进行研究的第五家杰出公司，也是设计价值观内容比较多的一家公司，它的企业价值体系包括了如下九个方面的内容。

1. 诚心为顾客服务

"我们的目的非常清楚，就是帮助我们所服务的三组客户，即个人、公司和机构投资者，能够得到更好的金融生活。我们倾听客户的需求，并通过我们公司的连接来提供他们需要的解决方案。我们专注于使客户互动更容易，我们的专家更容易接近，我们的关系更人性化。而且，当我们有了成功的经验时，我们会与我们所服务的社区和股东分享。"

2. 建设伟大的工作平台

"美国银行致力于成为一个吸引人才的地方。在这里，我们的成员进行团队合作，共同追求成功；在这里，每一个人都能够肩负起自己的责任并为我们的顾客、消费者及同事作出正确的决定；在这里，有着个性化特点和多样化需求的人都能够获得成功；在这里，每一个员工都可以尽情地发挥他的潜能。"

3. 有效地管理风险

"为了有效地管理风险，我们必须变得强大，并且不断地帮助我们的顾客和消费者去实现他们的目标，为投资者带来持续不断的回报。我们一如既往地在各个业务领域有效地管理风险，每一名员工都有责任为风险管理尽自己最大的努力。"

4. 追求杰出的管理

"在过去的三年里，我们已经成为一个更加精简，更容易做生意和更容易在此工作的公司。我们缩小了注意力范围，把它集中在对我们的客户和客户最重要的业务和服务上。我们正在减少非核心活动的费用，并为公司的其他增长机会进行投资。"

5. 诚心为利益相关者提供最好的服务

"我们能够为我们的顾客和消费者提供其他金融服务公司所不能提供的服务。通过帮助我们所服务的对象金融生活变得更好，我们可以创造并回报给他们想要得到的各种收益。"

6. 追求共同努力的目标

"我们相信真心实意地对待每一位顾客、每一位消费者、每一位同仁，这是非常重要的，随时随地地保持真心实意尤其重要。我们努力用纪律和激情去追求这种效果。我们相信应该用同情心和相互理解建立人与人之间的关系。我们相信我们为顾客、消费者、同仁们所做的每一件事都是建立在一个坚实的商业基础上，如此可以为我们的股东不断创造价值。"

7. 负责任地采取行动

"我们相信正直诚实和严格地管理风险是我们坚实的商业基础。我们非常清楚地知道我们的决定和行动每天都会影响人们的生活。我们坚信应该清晰地、公平地并且是在严格地遵守商业原则的基础上去做决定，这些商业原则包括分享成功，做负责任的企业公民，促进所在社区的发展。"

8. 充分重视和挖掘员工的力量

"我们努力帮助我们的员工尽情地释放他们的潜能，我们深信多样化的经历和背景可以使我们变得更加强大，我们尊重每一个人，看重每一个差异的价值，这些差异包括思想、风格、文化、种族和经历。"

9. 追求团队合作的力量

"我们深信在整个公司范围内团队合作的力量要大于个人单独的努力。我们深信伟大的团队必须建立在相互信任、共同分享和共担责任的基础上。我们团结一致地行动并且相信只有这样才能最好地满足我们顾客和消费者的需要。"

2.6.2 对美国银行企业价值观的解读

通过与本章中前面提及的四家公司进行对比我们发现，美国银行的企业价值体系所强调的重点和语言描述的方式与它们有着很大的差别。此外，前面四家公司所重视的价值观虽然多数没有出现在美国银行的价值体系之内，但是在其针对每个价值观进行解读的过程当中又把它们所包含的思想都吸收了进来。下面我们逐条地解读一下这九个价值观的内容。

美国银行的第一个价值观是"诚心为顾客服务"。这个思想是广泛被企业界所接受的理念，是一个老生常谈的话题，它的出发点是为了谋求公司的利益，它的逻辑出发点是，如果没有了顾客的支持，公司就没有利益，所以每一家公司为了自身的发展就一定要强调以顾客为中心，并努力为顾客提供最好的服务。对于这样的思想，理解起来非常容易，但实际执行起来却并不是那么容易，很多时候很多公司把它当作了一句口号去喊，但在实际工作过程当中却并不一定真的这样去做，还有的公司想这样去做，但却不知道应该如何去做，不知道应该如何将这个可以促进公司发展的重要手段与经营管理过程当中的具体工作进行有效对接。JP 摩根大通对此做了很好的注解，它用三条商业原则告诉自己的企业员工应该如何去做，这三个原则就是：①以客户为中心；②重视基层驱动、顾客驱动和低姿态服务；③努力建立世界一流的分支机构，进行长期投资，努力为顾客服务。而在这里，美国银行的注解也很有借鉴意义，"我们的目的非常清楚，就是帮助我们所服务的三组客户，即个人、公司和机构投资者，能够得到更好的金融生活"，这是在界定要为哪些顾客服务；"我们倾听客户的需求，并通过我们公司的连接来提供他们需要的解决方案"，"我们专注于使客户互动更容易，我们的专家更容易接近，我们的关系更人性化"，这是在强调应该如何为顾客服务；"当我们有了成功的经验时，我们会与我们所服务的社区和股东分享"，这是更高层次的服务，目的是为了更加长期稳定地吸引顾客并可以得到为顾客服务的最大支持。

美国银行的第二个价值观是"建设伟大的工作平台"。我们认为这是一个伟大的构想，它应该成为有志于"变得伟大"的各个企业重点学习的目标。为了建设伟大的工作平台，公司认为应该强调四个方面的工作，其中第一个方面的工作是要重视团队管理，共同追求成功。为了重视团队管理，公司还将它单独列成一个价值观，也就是后面所说的第九个价值观。第二个方面的工作是要强调每一个员工应该肩负的责任，伟大的工作平台首先应该有伟大的责任，它既是任务，也是目标，如果没有了任务，没有了目标，没有了责任，不要说伟大的工作平台，就是普通的工作平台也都没有了存在的价值，还何谈伟大。第三个方面的工作是要重视个性化的特点和多样化的需求，关于这个方面的内容可见于对前面提及的几家公司的分析。第四个方面的工作是要确保公司的每一个员工都可以尽情地释放潜能，这又可以分成两个层次的境界，第一个层次的境界是员工是否愿意这样做，第二个层次的境界才是员工是否可以这样做。员工愿意还是不愿意这样做，那就是对于企业九个价值观能否落实，能否真正发挥作用的整体考验；而员工可以这样做还是不能够这样做的前提就是这个伟大的工作平台是否已经建立。如果企业已经建立了，或者是真心地去建立了这样伟大的工作平台的话，那么所有的企业员工也就一定可以在这个平台上尽释所能。员工们尽释所能的结果是，一个伟大的公司建成了，而且还将继续伟大下去。

美国银行的第三个价值观是"有效地管理风险"。这与前面所说的波音公司特别强调"安全"与"质量"一样，它体现的是行业的特点和要求。对银行业来说，最大的危害就是过度的风险，几次世界金融危机都是源于银行风险的失控。当然这背后还有其他的原因，我们姑且不论。只是从风险管理的角度看，它是对于所有银行的真正考验，因此它就必须成为一个重要的价值观而被企业全体员工所接受。正如前面所说，如果波音公司的员工们都无视"安全"的话，那么这个公司早就破产了。管理风险是必然的，可是如何有效地管理风险呢，"为了有效地管理风险，我们必须变得强大，并且不断地帮助我们的顾客和消费者去实现他们的目标，为投资者带来持续不断的回报"。风险管理针对企业全体成员有什么样的具体要求呢？"我们一如既往地在各个业务领域有效地管理风险，每一名员工都有责任为风险管理尽自己最大的努力。"

美国银行的第四个价值观是"追求杰出的管理"。公司理解的杰出管理的标准是组织机构更加精简，客户更容易与企业做生意，以及企业员工更容易在此工作。"我们缩小了注意力范围，把它集中在对我们的客户和客户最重要的业务和服务上。我们正在减少非核心活动的费用，并为公司的其他增长机会进行投资。"平心而论，这不是真正杰出管理的标准，它只是普通管理的要求，而美国银行把它视为杰出管理的原因在于，它刚刚从金融危机当中缓过来，这些举措是修补生息的做法，当然这事实上也应该是一个银行企业需要坚持的基础性做法，没有它们不行，远离它们企业就会犯错误。但是从另外一个方面看，虽然有了它们公司可以具备成为杰出公司的条件，但只有它们的话，那么离成就杰出公司就还有差距，对此还是应该向 JP 摩根大通学习其追求卓越的七条商业原则：①建立最高水平的绩效标准；②严格财务要求和风险管理纪律；③努力建构最好的内部管理和控制；④像主人和伙伴一样思考和行动；⑤努力建构最好的与最有效率的制度和运营体系；⑥严格遵守纪律；⑦以技术能力和紧迫感保证高效执行。

美国银行的第五个价值观是"诚心为利益相关者提供最好的服务"。如果从字面上理解我们可以把这个价值观归入"企业宗旨"的行列，正如前面我们分析波音公司的第六个价值体观"做良好的企业公民"与第七个价值观"确保利益相关者的成功"时所得出的结论那样。可是具体看一下美国银行对于这个价值观的说明又不是那么回事，它在这里其实并没有说到除了顾客以外的股东、员工、社区、环境等其他相关利益者。因此给我们的感觉就是，它其实就是对第一个价值观的确认和再次强调而已，"我们能够为我们的顾客和消费者提供其他金融服务公司所不能提供的服务。通过帮助我们所服务的对象金融生活变得更好，我们可以创造并回报给他们想要得到的各种收益"。当然，在第一句话当中美国银行提出了一个很特别的自我要求，那就是"我们能够为我们的顾客和消费者提供其他金融服务公司所不能提供的服务"，这个服务到底是什么我们不得而知，但是我们知道如果真的像它说得这样可以提供其他银行不能提供的服务的话，那么美国银行自然就会生成强大的核心竞争力，并取得独特的竞争优势，这可是伟大的战略学家波特所主张和鼓励企业努力追求的重点方向。

美国银行的第六个价值观是"追求共同努力的目标"。分析这个价值观给我们的启示除了标题显示的内容以外，还包括三个方面的内容。第一个方面是，

"我们相信真心实意地对待每一位顾客、每一位消费者、每一位同仁，这是非常重要的，随时随地地保持真心实意尤其重要"，这句话说得好，可是难就难在"随时随地"地保持"真心实意"，我们感觉只是说说恐怕不行，这要用严格的绩效管理体系作为保证，否则做到了与做不到一样，那么就没有人会真心实意地去做或者一直去做了。第二个方面是，"我们努力用纪律和激情去追求这种效果"，这是我们所认可的思想，其中纪律应该用绩效管理代替，真心实意事实上是没有办法用纪律单纯要求的，还要用纪律加奖励的办法才能够完成，而这正是绩效管理工作可以发挥的作用。此外，单纯使用纪律或绩效管理还不行，它们毕竟是刚性的手段，为了全面发挥对于员工的影响力还要补充柔性的动力，而在这个方面最好的方法当然就是调动员工们的激情，有了激情以后员工们不仅会主动工作，而且还会创造性地工作。如果所有的员工都能够也愿意创造性地为顾客服务，那才是真正的真心实意地对待顾客和消费者的态度，同时也是员工之间最好的相处之道。第三个方面是，"我们相信应该用同情心和相互理解建立人与人之间的关系"，其中同情心就代表着爱心，有爱心的人才能有同情心，有了同情心就会关爱同仁，关心顾客，这是个基础；关爱同仁，关心顾客就会为他们着想，就会进行换位思考，就可以建立相互理解的真诚关系，有了这样的关系则所有的工作都将顺利地开展，于是，"我们相信我们为顾客、消费者、同仁们所做的每一件事都是建立在一个坚实的商业基础上，如此可以为我们的股东不断创造价值"。

美国银行的第七个价值观是"负责任地采取行动"。在这个价值观的解读当中，企业首先提到了前面四家公司都比较看重的"正直诚实"，而后又再次强调了风险管理的重要，"我们相信正直诚实和严格地管理风险是我们坚实的商业基础。我们非常清楚地知道我们的决定和行动每天都会影响人们的生活"。其次强调了多数企业都比较看重的"做负责任的企业公民"和"促进社区发展"，"我们坚信应该清晰地、公平地并且是在严格地遵守商业原则的基础上去做决定，这些商业原则包括分享成功，做负责任的企业公民，促进所在社区的发展"。

美国银行的第八个价值观是"充分重视和挖掘员工的力量"。"我们努力帮助我们的员工尽情地释放他们的潜能，我们深信多样化的经历和背景可以使我们变得更加强大，我们尊重每一个人，看重每一个差异的价值，这些差异包括：思想、风格、文化、种族和经历。"事实上，关于这个价值观的解读已经出现在前面第二条"建构伟大的工作平台"当中，如果把"建构伟大的工作平台"看作一种手段的话，那么，"充分重视和挖掘员工的力量"就可以被看作一个目标；而如果把"追求杰出的管理"看作一个目标的话，那么通过"建构伟大的工作平台"而"充分重视和挖掘员工的力量"就是一个最重要的途径。

美国银行的第九个价值观是"追求团队合作的力量"。正如前面我们所说，这个思想和第八个价值观一样已经出现在第二个价值观"建构伟大的工作平台"当中。在这里，美国银行再次提出它是为了更进一步强调这个价值观的重要性，以及它在企业当中的重要地位："我们深信在整个公司范围内团队合作的力量要大于个人单独的努力。"此外，它还强调了如何建构高效团队的方法，以及对于高效团队的基础性要求："我们深信伟大的团队必须建立在相互信任、共同分享和同担责任的基础上。我们团结一致地行动，并且相信只有这样才能最好地满足我们顾客和消费者的需要。"

2.7　马拉松原油公司的企业价值观

2.7.1　马拉松原油公司的企业价值观体系概述

马拉松原油公司企业价值体系的总体指导思想是："通过负责任地生产石油和天然气以创造价值并满足世界经济增长对于能源的需求来创造我们的价值。为了做到这一点，我们要担负起股东和商业伙伴的责任，支持那些为我们工作的人，并且要不断地提高我们工作地区的发展水平。我们毫不动摇地坚持我们的核心价值观以使我们可以运营和管理我们的企业，并不断取得高水平的绩效表现。"在这个总体思想指导下，它认为应该坚持五个方面的核心价值观。

1. 重视健康和安全

马拉松原油公司的商业行为针对员工、订约人，以及其工作于其中的社区坚持一个高水平的健康和安全标准。

2. 加强环境管理

马拉松原油公司通过高效率地使用前沿技术，培训员工，加强过程管理以追求不断的进步和发展，在这个过程当中尽最大努力减少公司对环境的影响。

3. 开放和诚实

马拉松原油公司认为自己是一个坚持高标准商业道德的公司，"我们坚守诚信和开放式的沟通，并确保我们的业务公开和透明"。

4. 建立友好的社区合作关系

"我们通过发展与股东的关系，并且投入我们的时间、才华和资源去帮助我们所在的社区不断地发展。"

5. 结果导向

马拉松原油公司努力做事，并且通过内部多样性合作的团队文化以追求发展的结果，鼓励员工尽释潜能以帮助公司为股东创造最大化的价值。

2.7.2　对马拉松原油公司企业价值观的分析与解读

我们把马拉松原油公司企业价值体系与前面已经做过研究的几家公司进行比较，然后在前面研究成果的基础上对之分别进行解读。

马拉松原油公司的第一个价值观强调的是"健康和安全"，"我们公司的商业行为针对员工、订约人，以及我们工作于其中的社区坚持一个高水平的健康和安全标准"。这与波音公司的价值观很像，波音公司在它们的价值体系当中就特别强调安全的理念，这两家公司对于安全的重视都是通过行业的特点和要求而体现出来的。此外，在我们所研究的这八家公司当中，雪佛龙公司也非常注重安全这一条，在其公司第六个价值观当中也强调了"健康与安全"的理念，"我们把工作环境的健康和安全，以及保护环境和财产置于最优先考虑的地位，我们的目标是通过严格地执行我们的优秀操作管理系统以赢得世界一流的绩效并因此而广受尊重"。

马拉松原油公司的第二个价值观是强调"加强环境管理"，"我们通过高效率地使用前沿技术，培训员工，加强过程管理以追求不断的进步和发展，在这个过程当中尽最大努力减少我们对于环境的影响"。这又与雪佛龙公司的第六个价值观相通。雪佛龙公司的第六个价值观的名字就叫作"人与环境优先"，由此也可以看出处在相同行业的企业在它们选择价值观时因为要考虑行业的特点，所以很有可能选择大量相同的价值诉求以作为企业可持续发展的必然坚守。虽然马拉松原油公司与雪佛龙公司都坚持保护环境的原则，但从描述上还是可以看出它们的差异，在雪佛龙公司的价值理念当中把人与环境放在优先的地位进行考虑；而在马拉松原油公司的价值观当中则是把环境也作为管理的对象，首先承认公司的发展不可能避免对环境的影响，其次要使用前沿技术，培训员工，加强过程管理以力争把对环境的影响降到最小。

马拉松原油公司的第三个价值观是"开放和诚实"，关于"诚实"我们前面研究过的几家公司都有论述，我们也曾经界定过只要是重复性比较高的价值观就一定是非常重要的企业发展理念或者企业精神。

关于"开放"这个价值观，这是美国公共企业们必须要坚持的原则。美国的企业从一般意义上说可以分成两个大类，其中一类是公共企业（public company），另外一类是私有企业（private company）。其中公共企业与我们国内所说的国有企业是不一样的。在美国，只要一家公司是上市公司，这家公司的股票可以为多数人所持有，产权可以被不同的人交易，那么这家公司就属于公共企业；相反的，那些没有上市的公司，不参与市场交易股权和产权的公司都属于私有企业。对公共企业而言，法律要求他们的信息必须是公开和透明的，在我们针对这十家美国杰出公司进行研究的过程当中便深有所感，在他们公司的网站上你几乎可以找到所有的相关资料，包括公司的年报、各种各样的管理政策、公司的行为准则、公司的发展历史、公司的管理机构、企业所有高层领导者的资料、公司的业务模块与分布、公司的多样性发展报告、公司的责任、公司的可持续发展计划，以及公司的企业使命、企业愿景和企业战略，等等。在本书的研究过程当中，我们的感觉就是这些公司真的是很公开，也真的是很开放。不过在马拉松原油公司看来，所谓的开放不仅仅是对外的信息公开，而且还包括对企业自身诚信的要求，否则缺少了这些要求则对外开放的信息也不会是真实的信息，"我们认为自己是一个坚持高标准商业道德的公司，我们坚守诚信和开放式的沟通，并确保我们的业务公开和透明"。

马拉松原油公司的第四个价值观是"建立友好的社区合作关系"。关于这一点我们已经在前面多家企业的价值体系当中发现了它的身影，也论述了它的重要，在此就不再赘述。

马拉松原油公司的第五个价值观是"结果导向"。这虽然是前面几家企业没有明确提出的一个理念，但也不是一个令人陌生的概念，只不过马拉松原油公司对于"结果导向"的理解与我们平常的理解还是略有不同。我们平常理解的"结果导向"就是以成败论英雄，用结果来说话，如果借用中国古代的一句名言说就是"成者王侯，败者寇"。可事实上如果这样理解"结果导向"就会让人们走向极端，甚至在做事情的时候不择手段，所以要正确解读这个思想可以向马拉松原油公司学习："我们努力做事并且通过内部多样性合作的团队文化以追求发展的结果，鼓励我们的员工尽释潜能以帮助我们为股东创造最大化的价值。"它在强调"结果导向"理念的同时，也明确地提出了追求结果的思路和方法，"我们努力做事去追求结果"，"我们通过内部多样性合作的团队文化去追求结果"，"我们鼓励员工尽释潜能去追求结果"。

2.8　富国银行的企业价值观

2.8.1　富国银行的企业价值观体系概述

根据富国银行自己的说法，其公司的企业价值体系由五个方面的内容构成：

"我们有五个方面的价值观，它们建立在我们企业愿景的基础之上，并且为我们所做的每一件事情都提供基础性的指导。"富国银行的五个价值观分别如下。

1. 员工是竞争的优势所在

"我们鼓励和支持我们的团队成员，希望他们能够成为企业的竞争优势。"

关于这一点我们前面已经分析过两家公司，而且后面在第 4 章里我们还将做专门的分析和介绍。

2. 注重伦理道德

通过建立正直的标准和原则性的表现，富国银行正努力被它的利益相关者确认为世界上最伟大的公司。这不仅仅是做正确的事情，富国银行也必须以正确的方式来做事情。

3. 顾客永远正确

富国银行这样认为："我们认为我们为客户所做的一切都是正确的，也都应该是正确的。我们很自豪能在这样一个产业中竞争，它是一个地方、国家和全球经济增长的核心行业，你在这里为客户和社区做正确的事情，可以同时获得合理的利润。我们的客户是我们的朋友，我们把他们当作我们的客人，我们希望他们成功。我们希望他们感觉他们是我们公司的一部分，让他们觉得我们就是他们的公司。我们要平易近人，要关心他们，要超越他们的期望，并永远保持投资关系。"

4. 多样性和内部提升

关于这一点，我们将在第 3 章"多样性理念与内部提升"里做专门的介绍和分析。

5. 人人是领导

富国银行认为："我们都是领导。我们都有责任在公司的愿景和我们客户之间建立起联系，这不是管理者的专属领域。我们将领导定义为建立、分享和传达我们愿景的行为，并作为激励他人理解和接受我们愿景的艺术。"

2.8.2　对富国银行企业价值观的进一步理解

针对富国银行的五个价值观，其中第一个和第四个我们后面有两章的内容会对此展开专题研究，而其他三个方面的价值观，即"注重伦理道德"、"顾客永远是正确的"和"强化领导"，我们可以再进一步看一下这家公司自己的理解。

1. 对"注重伦理道德"的进一步理解

诚实、信任和诚信是满足公司治理的最高标准的基本要求。这不只是富国银行高级领导和董事会的责任，公司的每一个人都有责任。

"我们的伦理道德是我们每人每天每个决定的总和。如果你想找出一个公司的道德观有多强，不要听别人说什么，而要看他们在做什么。这在我们的行业中更为重要，因为我们所做的每一件事都是建立在信任之上的。它不是发生在某一天的工作，也不是发生在某一个季度里，它绝对不是一次性的交易。这是由关系赢得的关系。

"我们的客户相信我们是他们的财务资源。他们相信我们的人可以保证完成交易的准确性和及时性。他们相信我们的银行家可以为他们提供产品和服务以满足他们的需求。他们相信我们的财务顾问可以给他们提出合理的建议。他们相信我们的按揭顾问可以完全地管理他们的申请过程，并尽可能快地完成。他们相信我们的投资银行家可以建立财务模型分析商业趋势，塑造投资理念，筹集资金，满足他们的战略目标。

"他们相信我们所有的人都可以作为风险管理者，我们会问正确的问题，可以保护他们的资产，并帮助他们达到他们的目标。我们必须每天通过有道德的行为赢得他们的信任；注重公开，奖励诚实，坚持双向沟通；我们要为自己作出的决定和采取的行动负责。"

2. 对于"顾客永远正确"的进一步理解

富国银行的首要任务之一是保护客户的机密数据和信息。"客户相信我们使用该信息可以为他们提供产品和服务，可以节省时间和金钱。他们希望我们帮助他们，帮助他们成长，保护他们的金融资产，帮助他们获得成功。我们对客户的关注是坚定不移的。这就是我们做生意的方式，这种方式的使用已经超过160年了，它是我们未来的关键。"

3. 对于"人人是领导"的进一步理解

领导是问责的，他们分担信贷和承担责任，他们也要给别人承担责任和追求成功的机会。优秀的领导激励团队对他们的领导有信心，伟大的领导激励团队成员对自己有信心。

富国银行希望所有的团队成员能够领导自己，带领团队，领导企业。

"当客户需要一个答案时，我们必须能够快速反应，这是一个竞争优势。领导者认为自己是平等的合作伙伴，在一个团队里共同努力以实现我们的愿景。当团队需要帮助的时候，领导们就和其他人一样。领导参与其中，他们实际动手并且可以高效发挥。他们把客户的问题看作是自己的问题认真对待，直到这个问题得到解决。没有人告诉他们这样做，他们只是这样做。"

富国银行还认为："最好的领导是最好的教练，他们不依赖于权威或人格力量。他们对每一个团队成员的内在知识和才能有信心，他们相信我们的团队成员有对每一个问题给出答案的能力，并具备可以看到每一个机会的潜力。领导者可以帮助自己和团队成员发展思想，可以测试团队成员并且能够量化结果，然后可以与公司其他部门和同事共同分享美好的结果。

"领导与我们的愿景相联系。他们分享他们的激情和他们的纪律以带领我们实现公司的愿景。领导激发优秀表现。我们作为领导者的行为举止和我们得到的结果一样重要。领导关心他们的团队成员，希望他们成功，有合理的发展计划，有追求事业的梦想。

"领导之间互相学习，这是一个大公司的优势。我们分享想法和寻找最好的方案。我们不反对一个好主意，因为'它不是在这里发明的'，我们总是在寻找最好的方法来做一些事情，并把它应用到那里，以提高我们的服务，保持客户和吸引新的成员，支持社区，增加收入和减少管理费用。

"在我们的行业中生存下来的并不是那些最强壮或最聪明的公司，而是那些最能适应变化和充分利用整个团队知识和经验的公司。"

2.9　宝洁公司的企业价值观与企业发展原则

2.9.1　宝洁公司的企业价值观概述

宝洁公司的企业价值体系包括五个方面的内容，这五个方面的内容几乎全部出现在前面七家杰出公司的企业文化体系当，所以在这里我们不再对它们进行评价和解读，而只是把宝洁公司的解读列出来以供参考。

宝洁公司的五个企业价值观分别如下。

1. 领导才能

宝洁公司认为："我们都是各自职责范围内的领导者，兢兢业业地在各自岗位上作出显著的成绩；我们对我们的工作前景有清楚的认识；我们集中各种资源去实施领导策略，实现领导目标；我们不断发展自身的工作能力，克服组织上的障碍，实现公司的战略。"

2. 主人翁精神

"主人翁精神"是指："我们担负起各自的工作责任，从而实现满足公司业务需要，完善公司体制和帮助其他员工提高工作成效的目标；我们以主人翁的精神对待公司的财产，一切行为着眼于公司的长远利益。"

3. 诚实正直

宝洁公司始终努力去做正确的事情；诚实正直，坦率待人；公司的业务运作恪守法律的文字规定和内涵精神；宝洁公司在采取每个一行动，作出每一个决定时，始终坚持公司的价值观和原则；而且在提出建议时，坚持以事实为依据，并正确估计和认识风险。

4. 积极求胜

宝洁公司的"积极求胜"表现在："我们决心将最重要的事做得最好；我们不会满足于现状，不断去寻求突破；我们有强烈的愿望去不断完善自我，不断赢取市场。"

5. 信任

宝洁公司尊重公司的同事、客户和消费者，以希望被对待的方式来对待他们；宝洁公司相互信任各自的能力和意向；宝洁公司笃信，彼此信任才能使员工有最佳的工作表现。

2.9.2　宝洁公司的企业发展原则概述

与以上七家公司不同的是，宝洁公司不仅明确地提出了自己的企业价值体系，而且还十分系统地论述了自己的企业发展原则，而以上七家公司则要么是建立企业价值体系，要么论述商业发展原则，没有一家企业把这两件事情同时体现在其企业文化体系当中。

宝洁公司的企业发展原则包括如下八个方面的内容。

1. 尊重每一位员工

宝洁公司相信每一位员工都能够并且愿意发挥其最大的潜力；珍视每个员工的不同之处；激发和帮助员工去实现更高的期望、标准和具有挑战性的目标；如实反映个人的工作表现。

2. 公司与个人的利益休戚相关

宝洁公司相信诚实正直地为公司业务发展做正确的事，将为公司和个人带来共同的成功；公司与员工对共同成功的追求将其紧密结合在一起；宝洁公司鼓励员工股份制，提倡主人翁精神。

3. 有策略地着眼于工作

宝洁公司的业务运作基于明确并已取得共识的目标和策略；宝洁公司只做，也只争取做促进业务的工作；宝洁公司在任何可能的情况下简化和标准化现有的工作，提高工作效率。

4. 创新是成功的基石

宝洁公司极为重视重大的、全新的消费品创新意念；它挑战陈规，开拓新的工作方法，从而在市场上赢得更大的成功。

5. 重视公司外部环境的变化和发展

宝洁公司力求最好地了解消费者及其需要；创造和提供一流的产品和包装，倡导全新的消费观念，树立成功的品牌形象；发展与客户、供应商之间紧密互惠的关系；宝洁公司是有良好素质的法人；宝洁公司将可持续性融入它的产品、包装和运营。

6. 珍视个人的专长

宝洁公司相信："不断完善自我并且发展他人是每一个员工的责任；我们鼓励并且期望员工有出色的专业知识和精湛的工作技能。"

7. 力求做到最好

宝洁公司力求在公司所有的策略重点上都做到最好；宝洁公司对照公司内外的最高标准来认真衡量他们的工作表现；善于从过去的成功和失败中吸取经验教训。

8. 互相依靠、互相支持的生活方式

宝洁公司的各个业务组织、部门、品类和区域之间相互信任，紧密合作；对采用他人的建议及方法而取得的成绩感到自豪；宝洁公司与所有为实现公司宗旨作出贡献的各方，包括它的客户、供应商、学校和政府，建立真诚友好的关系。

第3章　多样性理念与内部提升

在我们所研究的美国十家杰出公司当中，几乎每个公司都有大量的关于企业文化之多样性理念的介绍以及内部提升的相关说明，而在我们能够找到的资料当中，埃克森美孚石油公司、雪佛龙公司、威瑞森电信公司、波音公司、马拉松原油公司、富国银行、花旗集团和宝洁公司这八家公司关于多样性理念的描述以及内部提升的制度设计尤其丰富，在本章当中我们将对其中的七家公司展开详尽的分析和解读。其中，针对前面六家公司，我们注重分析他们的多样性理念，并兼顾分析其内部提升的思想；而针对最后一家公司，就是宝洁公司我们会系统地介绍其内部提升的理念尤其是它注重内部管理的各项制度。

美国企业之所以如此重视多样性管理，除了有针对历史进行拨乱反正的考虑以外，还在于如此理念和行动可以帮助各个企业获得必要和丰富的人力资源以应对全球化和复杂环境的挑战，以及可以推动企业营造创新氛围，培养创新文化，进行创新管理，从而可以为企业的可持续发展提供不竭的动力。此外，各个企业对于多样性的重视与美国社会整体对于人的多样性需求的满足理念也有关联。在美国的社会生活当中，虽然存在着各种各样的差别，但是从公共管理的角度来看，一切基础设施的设计都是以尊重人性和尊重人的多样化需求为前提的。

以美国的公共汽车为例，在它上面至少我们可以看出满足人的不同需求的三个方面的设计。一是在车身前面安装了可以承载自行车的支架，这种设计的考虑是，喜欢骑自行车的人在路上如果想改乘汽车的话，那么公共汽车可以为他们提供这种方便。二是车门一侧（美国的公共汽车多数只在前面有一个车门）的车身可以随意起降，如果有残疾人想乘车的话，车身就会降下去并用一个踏板与地面连接，这样残疾人所乘坐的轮椅就可以直接进入公共汽车，并停靠在专门为他们设计的区域。那个区域平时也坐人，需要的时候就可以由司机把座位折起。或许正是因为出行方便，在美国可以经常看到有残疾人独自上街，有专门的残疾人停车场，各个楼房都有残疾人可以出入的侧道和开门按键；即使是单独坐飞机出行也没有问题，在机场里更是会有专门的人为他们提供全程的服务。三是环绕公共汽车内部有一根线连接到司机那里，乘客想下车的时候就可以拉这条线告诉司机，美国的公交车站多数没有站牌，而且两站之间的距离非常短，有了这样的设计就会特别方便顾客下车和最快地抵达目的地。

社会发展的文化必然会影响到企业的文化，企业的文化一方面也会反映社会文化和历史的影响，美国的企业尤其是大企业，它们重视多样性理念的原因也正是基于此：既要纠正历史上面向种族、少数民族、妇女等不同群体而存在的歧视的问题和错误，又要考虑到整个社会对于人的多样性需求的追求和满足，在这样双重外部因素的影响下，再加上内部培养人才和促进创新的两个强大动力，从而最终促成了美国企业多样性发展和重视内部提升的企业文化特色。这是一个值得提倡的理念，它不仅有益于企业的发展，有利于企业的管理，而且对于整个社会所追求的以人为本的目标也可以发挥巨大的辅助作用。

我们要分析的七家公司他们对于多样性理念和内部提升虽然有着共同的理解，但是在具体采取的促进多样性发展和内部提升的措施方面却有着很大的差别，也就是在主要方向一致的前提下，各个公司所关注的细节不同，工作的重点不一样，具体推进工作的办法各有千秋。不过话又说回来，即便各个企业在措施上存在差别，但在大方向上却始终是一致的，所以我们会重点解析第一家公司，然后再略述其他公司之不同。

3.1 埃克森美孚石油公司的多样性理念与具体工作措施

3.1.1 公司领导人 Rex W. Tillerson 在多样性报告上的致辞及其解读

关于埃克森美孚石油公司的多样性和内部提升理念，我们可以先看一下 Rex W. Tillerson 在其多样性报告上的致辞，从中除了可以掌握到这家公司针对多样性的主要思想和观点，还可以建立起我们对于多样性和内部提升理念的初步认识，这将有助于我们理解后面几个公司发展多样性管理体系的动因和格局。

这个致辞的具体内容如下：

"思想、技能、知识和文化的多样性和包容性使埃克森美孚石油公司更具竞争优势，更加富有弹性，更能驾驭复杂和不断变化的全球能源业务。每一天我们都要超越传统的参考框架，借助多样性发展独特的观点和应对每一个人面对的挑战以增强我们的力量。我们致力于建设一个有才华的、多样化的员工队伍，创造一个能使每一位员工都有机会表现出色的环境。这些是我们多年经营的核心原则。

"我们在多样性和包容性方面的努力是广泛的。它们的范围从吸引和发展全球劳动力并把他们整合在一个工作环境当中，到重视独特的视角和价值观，鼓励每一个人的成长，对所有员工都表示我们的尊重，不断提高我们所在区域的生活和工作质量，等等。

"我们的全球工作平台反映了当地社区和文化的特色。我们的目标是寻找并雇佣那些有才华、有奉献精神的员工，然后给他们学习、成长和成功的机会。其结果是我们建构了一个多元化的和多方位的可以为有才华的员工提供发展机会的工作平台，这些员工有着不同的观点、不同的想法和不同的出生背景。

"我们的多样性和包容性记录是员工和股东们可以引以为傲的事情之一。我们保证继续建立一个工作平台，它将确保我们一直是一个可以从各个角度都经得起推敲的全球化的公司。"

下面我们来分析一下融在这个致辞当中的埃克森美孚石油公司对于多样性与内部提升理念的理解。

在致辞的开头，Rex W. Tillerson 先生首先明确地指出了坚持多样性发展理念的好处，这同时也是我们要在这一章里专门研究这个概念的主要原因，它的好处是，"思想、技能、知识和文化的多样性和包容性使埃克森美孚石油公司更具竞争优势，更加富有弹性，更能驾驭复杂和不断变化的全球能源业务"。在这一好处里，Rex W. Tillerson 先生事实上讲出了多样性理念的三个特点，那就是：它可以帮助一个全球化的公司更具竞争优势，因为它拥有多样化的员工；它可以使全球化公司的工作更加富有弹性，因为它拥有多样化的团队；它更有助于全球化公司面对复杂的环境并应对各种各样的挑战，因为它们拥有多样化的思想和技能。说到底，一个公司的多样性首先是指人的多样性，包括人的思想的多样性、人的技能的多样性、人的知识的多样性和人的文化的多样性。如果一个公司有了这些多样性的人才，而人才又具备了这些多样性的思想、技能、知识和文化，那么借助这些人才的力量一个公司就可以解决各种各样的难题，就可以利用各种各样的资源，就可以创建各种各样的工作模式，就可以生成各种各样的工作方法，也就可以克服各种各样的挑战，从而取得各种各样的成功。

全球化的公司是这样，不是全球化的公司也应该这样。我们在这里虽然以全球化的公司为例，但这并不代表着只有全球化的公司才应该关注多样性的理念和培养多样性的员工。如果我们以 Rex W. Tillerson 先生所说的这句话，即"思想、技能、知识和文化的多样性和包容性使埃克森美孚石油公司更具竞争优势，更加富有弹性，更能驾驭复杂和不断变化的全球能源业务"为一个样板，把其他公司的名字替换进去可不可以呢？比如，以青岛鑫光正公司为例，替换一下就是这样的，"思想、技能、知识和文化的多样性和包容性使青岛鑫光正公司更具竞争优势，更加富有弹性，更能驾驭复杂和不断变化的全球钢结构生产业务"，这样也是可以的吧，也是有效的吧？再换成其他公司呢，一样是可以的，也一样是有效的。

接下来，Rex W. Tillerson 先生重点交代了应该如何发展多样化的方法。

"每一天我们都要超越传统的参考框架，借助多样性发展独特的观点和应对每一个人面对的挑战以增强我们的力量。"从这句话里我们可以解读出两个要点。第一个要点是不断地超越传统的参考框架,通俗点说就是要经常打破条条框框的限制。为什么要打破条条框框的限制呢,因为在条条框框的限制之下,人就会变得循规蹈矩,就容易墨守成规,就会故步自封,就容易保守而不求进取,员工如此,企业就没有了希望。第二个要点是要借助多样性发展独特的观点,而员工能否具有独特的观点是一个企业可否进行创新的前提,一个可以不断涌现创新想法和创新性人才的企业才可能成为一个创新性的企业。在现代社会当中,只有那些能够创新且非常重视创新的企业才可以成为充满活力的企业,只有这样的企业才极富进取精神,并且大有希望。

"我们致力于建设一个有才华的、多样化的员工队伍,创造一个能使每一位员工都有机会表现出色的环境。"在这句话里我们同样可以很容易地解读出两个要点。第一个要点是多样性的企业首先要有多样性的员工,有了多样性的员工就有了企业多样性的基础。此外,只是拥有多样性的员工未必可以形成多样性的合力,所以企业必须加强对于员工多样性的引导和管理。第二个要点是营造允许和鼓励多样性发展的企业环境,这个环境的最大特点就是可以让每一个有着多样性才华的员工都能尽释所能、尽展所长。如何培养这个环境是方法上的事,想不想培养这个环境是认识上的事,如果没有认识就不可能有方法,如果没有正确的认识就不会有高效率的方法,所以先解决认识上的事情是有志于培养多样性发展环境的企业家和管理者们首先要解决的问题。

培养多样性是一个系统性的工作,所以应该采取综合性的措施,"从吸引和发展全球劳动力并把他们整合在一个工作环境当中,到重视独特的视角和价值观,鼓励每一个人的成长,对所有员工都表示我们的尊重,不断提高我们所在区域的生活和工作质量"。而采取这些措施的重点是,"我们的目标是寻找并雇佣那些有才华、有奉献精神的员工,然后给他们学习、成长和成功的机会"。员工们经过学习,不断成长,逐渐成功,掌握了多样性的知识和技能以后才可以帮助企业也不断地成长,不断地进步,不断地成功并且成功保持可持续性的发展。

最后,Rex W. Tillerson 先生谈到了埃克森美孚石油公司多样性管理的成效及其对未来的展望。

"我们的全球工作平台反映了当地社区和文化的特色。"这是多样性与个性化,全球化与本土化的有效结合,对任何一个全球性的企业而言,只有实现了这种结合他们才能找到可以促进企业不断进步的动力,否则以全球化为借口而扼杀个性化并且忽视本土化,那么这样的企业最终会从全球化当中退出而只能谋求在一国的发展。

"我们建构了一个多元化的和多方位的可以为有才华的员工提供发展机会的

工作平台。"这个平台就是下面我们要介绍的埃克森美孚石油公司全球化多样性工作框架当中的一个最为重要的内容。

"我们的多样性和包容性记录是员工和股东们可以引以为傲的事情之一。我们保证继续建立一个工作平台,它将确保我们一直是一个可以从各个角度都经得起推敲的全球化的公司。"

读完 Rex W. Tillerson 的关于多样性的讲话再加上我们的解读以后,相信大家对公司多性发展的原因、条件、益处以及方法可以建构起一个框架性的认识,这是能够帮助一个企业建构其多样性发展格局的最为重要的基础。

3.1.2　发展全球化多样性工作框架

埃克森美孚石油公司的业务几乎遍布在世界上的每一个角落。其广泛的多样性理念、观点、技能、知识和文化非常有利于企业的创新,并且成为这家公司一个关键的竞争优势。通过一系列的项目、活动和投资,埃克森美孚石油公司在努力创造并维护一个多样性的工作平台,这个平台可以广泛地满足公司生意所在的众多地域的员工诉求。这一点是我们要学习的主要方向,是为"知其然,更要知其所以然"也。

深入分析埃克森美孚石油公司的多样性框架可以发现,它们是由三个相互关联的目标构成的,这三个目标分别是:①吸引、发展和保持一个一流的工作人员队伍,从而可以广泛满足公司遍布全球的业务需要。②积极营造富有成效的工作环境,在这个环境里要尊重和重视个人和文化的差异,要鼓励所有员工为实现卓越的经营业绩而作出自己的贡献。③识别和发展各种领导能力以应对各种各样的国际环境和文化环境。

以下就是埃克森美孚石油公司全球化多样性工作框架的具体内容,借鉴这些内容的具体做法是"知其然,知其所以然,又知其如何然"也,而"知其如何然"是一切要知的重点,也是我们主要的借鉴目标。

1.发展全球工作平台

全球化的公司自然要建设全球化的工作平台,而建构全球化工作平台的关键是找到具有多样性背景的员工。"埃克森美孚石油公司过去是现在依然是要致力于从全球范围内不同的背景中去寻找有才华的男人和女人,鼓励他们进行独立的思考,能够主动工作和不断地进行创新。"这就是埃克森美孚石油公司全球工作平台的基本架构。

此外,发展全球工作平台还要与全面使用本土化的员工进行有效的对接。虽然说,发展全球工作平台的主要目标是要把世界各地的员工整合到一起共同工作,但这不代表着要把全球各地的员工聚拢到一个地方发展。依据我们的理解，发展全球工作平台的重点其实就是在全球每一个地方都要充分发掘和重视当地员工的力量。这样不仅对于企业有利，对于所在国、所在地区、所在社区都有好处，"随着专注于雇佣本地员工，埃克森美孚石油公司对所经营的新兴市场和在其中发展的经济实体都产生了积极的影响"。

2. 提供奖学金、助学金和实习的机会

埃克森美孚石油公司的实习和金融援助计划在多样性招聘中扮演着关键的角色。通过实际工作经验、奖学金和广泛的资助，公司在技术、工程、科学和商业领域努力找出最佳的和最聪明的学生。

这一点是有实力的中国企业可以轻松学到的经验，事实上一个能够与多所大学进行合作的企业通常都是大有发展潜力的企业，而且这种合作要向前维度推进，不要只是在招聘阶段才进入校园。事实上，在自己企业所需要的专业上与大学进行深度合作、联合培养、定向训练，这就相当于把企业人力资源管理的工作大幅度地向上提升了。此外，在这种联合培养的过程当中，企业可以借助大学的资源、大学的力量来培养自己未来的员工，这对于企业的人力资本投入也是一种节约。很多企业只看到了联合培养所需要的一点投入，却看不到这种方式能够给企业带来的长远益处，是以不为，所以遗憾。

3. 支持教育

为了帮助开发年轻人的潜能，埃克森美孚石油公司支持世界范围内的教育项目。这又是一种"放长线钓大鱼"的做法，通过长期运行这些教育项目，全面地扩大了埃克森美孚石油公司的人才库，尤其是科学家和工程师方面的人才储备，其中很多的人最终选择了加盟埃克森美孚石油公司，并且成为其能源业务的主要力量。

4. 建立联盟和伙伴关系

埃克森美孚石油公司积极参加各种招聘活动，旨在找到多样化和高素质的候选人。这些活动及举办活动的组织分别是：

（1）为残疾学生提供职业机会；

（2）工程领域的国家行动理事会；

（3）全国黑人 MBA 协会；

（4）全国黑人工程师协会；

（5）国家社会服务学院 MBA；

（6）西班牙 MBA 协会；

（7）墨西哥美国人工程师和科学家协会；

（8）西班牙裔专业协会。

5. 注重员工发展

发展石油工业当中的职工队伍是埃克森美孚石油公司职业发展过程当中的主要目标。为此，它把员工发展视为一个高优先级目标，"我们会使用一种基于长期职业定位和发展的方法，并且把它应用于我们的全球分支机构当中"。关于这一点，我们在第4章还将进一步地分析。

人才的早期识别和加速发展对人才而言是至关重要的，所以埃克森美孚石油公司有常设的制度可以鼓励员工经常和公开地与管理者进行对话。这样的对话如果与绩效管理的工作进行有效对接的话，将会对企业的日常管理和战略管理工作产生极大的促进作用，关于这一点我们也曾经在《企业文化与绩效管理及其互动影响研究》一书当中做过专门的论述。

6. 强化培训

埃克森美孚石油公司通过一个成熟的全球培训课程为员工提供教育和技能的发展，把员工置于公司的业务环境当中，为之提供多个不同的任务去培训他们。这非常有助于公司开发出有能力和有充分准备的员工，以满足未来在本地和全球范围内业务发展的需要。

为了加强企业的技术能力，埃克森美孚石油公司把超过70%的投资都放在了专业和技术培训上。此外，约有4000名不同管理层次的员工参与了埃克森美孚石油公司的领导力发展培训项目，其中约30%是女性，60%是美国以外的员工。关于培训我们还是坚持那样一个思想，即"在培训员工和未来领导人身上所做的投入无论多么多都不算多"。

7. 制定政策

埃克森美孚石油公司的全球政策促进了多样性和内部提升，公司禁止在世界上任何地方、任何公司的工作场所有任何形式的歧视或骚扰，这些广泛的政策包括所有形式的歧视，包括基于性取向或性别身份的歧视。

关于这一点，中国的企业应该认真学习一下。很多的中国企业在招聘大学生时一定要看其出身，是不是"985"院校毕业，是不是"211"院校毕业，是不是中共党员干部，是男生还是女生，等等。这种随处存在的歧视性政策听起来似乎有道理，但实际上就是在选择人才过程当中图省事的一种低级表现，而这种低级的想法和做法不仅非常不公正，而且也很有可能就把那些才华横溢的学生挡在求职门外。

针对这一点，真的希望可以出台一项政策能够约束一下那些戴着有色眼镜挑选人才的庸俗之辈和那些极其不负责任的所谓大公司，这样至少可以为促进整个社会的公平发展贡献一点力量。

8. 建立员工发展网络

在全球范围内，埃克森美孚石油公司支持本地的员工发展网络，以建构一个致力于促进多样性和包容性发展的环境。这些自愿的、员工领导的团体可以提供交流网络、专业发展计划、社区服务等内容，并会积极主动地指导和吸收新员工。

9. 投资的多样性

埃克森美孚石油公司主张提供优秀的工具来帮助员工了解有效的跨文化沟通和文化敏感性。这些工具和措施包括以下几个方面。

（1）globesmart™——这是一个创新的网络文化工具，它可以提供易于访问的关于如何在世界各地开展业务的信息。

（2）重要团队和文化要素培训——这种培训有助于团队在全球缩小文化差距，专注于沟通、合作和文化意识的培养。

（3）管理全球组织——这种基于网络的工具有助于提高沟通、团队建设、全球化的网络管理。

（4）管理和支持新员工——这个项目可以指导新员工在埃克森美孚石油公司的全球组织中迅速成长。

3.1.3　建构灵活的工作和发展平台

埃克森美孚石油公司认为，基于员工多样性而建立灵活的工作和发展平台有助于提高员工的参与水平、工作热情和自身的能力。为了建构这样的一个平台，埃克森美孚石油公司重点采取了以下三个方面的措施。

1. 实行弹性工作制度

埃克森美孚石油公司制定了工作场所的灵活性方案，借助这样的方案通过提高员工的参与水平和降低员工流失率从而提高了公司业务和运营的效果。

通过这项制度，企业可以提供各种各样的灵活的工作安排，可以定制和单独使用或组合设计以满足个人的需求和喜好，如可以远程工作，修改工作时间表，从事兼职工作，等等。

这些灵活的安排还可以基于各个国家的项目、文化、基础设施和法律框架的不同而进行有针对性的调整。

2. 从内部进行培养

从内部进行培养就是我们于题目当中所说的"内部提升",它是众多美国大公司长期坚持的理念和政策。在后面我们分析各大公司的领导人讲话及其所包含的企业经营管理理念时,我们会首先全面介绍这些企业领导人的出身和从业经历,从中就可以看出他们对于这项政策的坚持。在我们所介绍的几个公司首席执行官当中,他们多数都是从企业内部成长起来的员工,而很少有从外部引进或是空降的人员。面对当下国内如雨后春笋一样成长和繁荣的猎头公司,我们真不知道应该是高兴呢,还是应该感叹。

埃克森美孚石油公司在全球范围内发展未来的领导者,他们都来自公司内部具有多样性背景的不同员工群体。"世界各地的员工都是在他们的国家和全球的业务和领导角色中成长起来的。"

3. 建构领导力发展框架

埃克森美孚石油公司的业务活动需要在一个多样性的全球环境中能有效地合作和工作的领导人,为此公司会经过深思熟虑和专注的努力去识别和测试那些未来的领导者,给他们具有挑战性的任务,增加他们承担的责任,并通过全面和有效的领导力发展计划对他们进行培养和教育。

在本书的姐妹篇《企业文化与商业模式研究——对话美国中小企业家》当中,我们专门研究了一家为各大公司提供未来领导人培养服务的公司,即国际维度发展公司。根据其服务记录,在这家公司1000多家的客户名单当中有一半曾经是或者现在依然是世界500强的公司。由此也可以看出,世界性的大公司它们集体对于建构领导力发展框架的重视。

作为世界知名大公司的埃克森美孚石油公司当然也不例外。为了更好地建构领导力发展框架,埃克森美孚石油公司将其嵌入在企业的业务实践和员工的发展过程当中。

埃克森美孚石油公司的领导力发展框架包括三个主要组成部分:一是基本的商业原则,二是领导者的个人特质,三是可以获得主要业务成果的领导者行为。

3.2 雪佛龙公司的多样化理念与内部提升

3.2.1 总体理念介绍

雪佛龙公司的多样性与内部提升的理念被视为公司的七个主要价值观之一,"在我们工作的任何地方我们都会尊重和学习那里的文化,我们认为每一个人的唯一性都是有价值和值得尊敬的，不同的人和各种各样的观点都应该得到这种尊重。我们注重内部成长环境的营造，并且乐于为多样性的人员、思想、才能和经历搭建平台"。这是我们在前面一章介绍的雪佛龙公司的第三个价值观。这个价值观同时也是雪佛龙公司坚持多样性和内部提升理念的总体发展方向。

此外，关于多样性和内部提升的理念，公司还有如下一些认知，这些认知也是我们认为多样性之于任何企业的发展都很重要的主要原因。

（1）"我们是多样性的一个骄傲的支持者，我们时刻鼓励多样性的思想。"

（2）"多样性是我们价值观的基石，我们称之为雪佛龙之路。"

（3）"作为一个核心价值观多样性是至关重要的，它可以发展一个有才华的、高性能的员工队伍，而这样的队伍是企业可以持续成功的不可缺少的基石。"

（4）"雪佛龙之路对于以人为中心的关注，帮助公司建立了吸引、发展和保留更多多样性人才的文化。"

（5）"通过尊重独特的人才、经验和所有员工的观点，我们获得了可以帮助我们有出色表现的灵活性和创造力。"

看完这五条补充性的理解，尤其是后面三条的注解，为什么要发展多样性的原因便会跃然纸上。

3.2.2　多样性管理的九大措施

与埃克森美孚石油公司一样，雪佛龙公司发展多样性与内部提升的措施也分为九个方面，它们分别如下。

1. 招聘与留住人才

在这个方面，雪佛龙公司的主要做法是与几个非营利组织合作以提高识别人才的能力，并且充分利用它们能够提供的招聘与留住最佳人才的做法和资源。

事实上，这是确保企业多样性的一个入口，先招到多样性的人才，然后才能谈人才的多样性。

此外，有了多样性的人才以后还要把他们留住，留住多样性的人才方能谈企业多样性的发展。

此外，多样性不是一个目标，它应该是一个促进企业发展的手段，如果不是从入口就把握多样性的走向，而非要把不具备多样性的员工培养成多样性的人才，这样的事情既不可行，也会费时费力却不见好的效果。在这个方面，我们可以略举美国企业招聘人才的一个现象作为例子，在美国有很多的公司在招聘员工的时候，会故意吸纳一些没有上过大学的人员作为管理者的培养对象。他们这样做的目的非常清楚，一是为了满足企业发展的多元化需求，二是看中了那些没有上过大学却天生有着冒险和进取精神的人才的发展潜质。事实证明，那些非大学生不要，非名牌大学的毕业生不要的公司，最终培养的人才以及人才为企业带来的效益真是不见得会好过那些曾经吸纳过一些有着特殊背景、经历和能力的人才的公司。

2. 发展与大学合作的项目

通过与大学合作的项目，雪佛龙公司帮助那些与公司建立合作关系的大学汇集了来自世界各地的师资、课程和学生，以此来发展和鼓励多样性的思想。在美国，该计划包括支持选择大学和黑人历史学院，鼓励少数族群参与科学、技术、工程和数学的学习。为什么要强调这些学科的学习呢，其目的自然是为了满足世界能源的需求，而满足世界能源的需求不正是雪佛龙公司的企业使命吗。

通过比对埃克森美孚石油公司和雪佛龙公司与大学合作培养人才的做法，我们可以得出这样一个结论，或者说是再次强调一个结论：能够与大学合作的公司都是有潜力的公司，都是有长远战略眼光的公司。那是不是说只有大公司才能与大学合作呢？当然不是。与大学合作的方式与方法有很多种，即便是很小的公司也要找机会与大学合作，用中国人的思维思考这个问题就是，"只要你想，就没有做不成的事"。

3. 实行导师制

雪佛龙公司有一个非常出色的计划，它可以让有才华的员工们愿意在公司的各种项目当中全面分享其知识。基于这个计划的安排，所有的员工都可以选择在自己具体业务方向上的或者有助于帮助主管完成业务的导师，为此公司的员工网络还会提供正式的指导方案。

事实上，导师制最早是在中国兴起的，在中国古代的学习制度当中就是师傅带徒弟的模式，这种模式的好处是师傅可以手把手地教，弟子可以事无巨细地跟着学，这样的教法与学法可以确保弟子能够学得深，学得透，学得真，学得管用。在此，我们建议中国的企业能够把这种师傅带徒弟的导师制度重新建立起来，它一方面可以用于对普通员工的培训和培养，另一方面还可以用于针对各层级领导者与管理者的培养与培训。

在 A. O. 史密斯电热水器中国公司当中，就建立了一个领导者与管理者培养与培训的导师制度，这个制度的第一个要求就是企业的领导者必须带头参与其中，公司的所有高管都不能置身事外。他们的做法之一是从每年入职的大学生当中选择一定数量的员工作为储备干部培养对象而成立一个独特的班级，然后公司总裁与副总裁及主要的高管们亲任各个学员的导师，也就是说每个导师要带若干名学生并且要时常督导他们的学习。这些学生大部分会被安排在基层管理部门而且会担任副职领导，除了学生们之间建立了定期交流的机制以外，学生们与导师群体也建立了定期集体见面的制度。每当召开学生与导师集体见面会的时候，每个导师所带的学生要轮流在集体见面会上汇报自己近期的学习和成长心得，而所有的导师都要参加而且还要全面点评。在这个过程当中，且不说学生们之间会有一个比较，表现出色者将很快就会得到重用；导师们之间也会有一个比较，谁带的学生优秀，谁带的学生表现差，这除了会反映导师的能力水平以外，还可以反映导师对待这项工作的态度和投入。中国人是最要面子的，有时候充分利用这股要面子的劲头也可以促进企业管理工作的成功开展。

4. 成立人才发展委员会

雪佛龙公司的人才发展委员会作为企业的一个重要资产，担负着推动公司员工多样性的重任。

人才发展委员会非常重视管理工作和生活优先事项的重要性，为此他们在整个公司采取的措施包括：提供灵活的工作时间表，在一些设施的现场照顾孩子，收养和援助，支持双职工夫妇，提供奖学金和报销学费，等等。

5. 实施多样性行动计划

与雪佛龙公司多样性目标调整相匹配，作为公司年度业绩评估的一部分，员工可以自定义他们将负责的可测量的目标并进行分级，然后再与主管进行沟通。

这些计划可以与薪酬管理关联在一起，如此对于实现公司多样性的愿景至关重要。

6. 成立多样性委员会

为了促进多样性和包容性，雪佛龙公司已经在地方一级建立了 20 多个多样性发展委员会，其成员有助于调整经营策略与多样性的计划。

7. 针对多样性开展多种形式的培训

为了帮助员工了解公司的政策，并知道在整个公司是如何体现多样性与包容性的，雪佛龙公司为员工提供了多种培训机会，如多样性培训、个人多样性行动计划和多样性午餐学习会议，等等。

8. 发动员工群体的力量

在 2014 年，有 1/3 的雪佛龙公司员工，约为 21 000 人，参加了雪佛龙公司多员工发展网络,共同庆祝公司文化和生活方式的差异。他们支持公司的业务,协助公司的招聘工作,提供正式的指导和辅导,并积极参与社区宣传。

9. 制订和实施供应商多元化计划

为了支持多样性的发展,雪佛龙公司制订并实施了供应商多元化计划,单在 2014 年一年公司就花了 10 亿美元从妇女和少数族群经营的美国企业那里购买了大量的商品和服务,并且花了超过 2.5 亿美元的资金从美国的众多小型企业那里购买了很多的服务和货物。

3.3 威瑞森电信公司的多样性理念与内部提升

3.3.1 总体情况介绍

多样性与包容性是相伴相生的,有了包容性才有可能出现多样性,有了多样性就更显包容性,而威瑞森电信公司要致力于培育的就是一种包容的环境。"多样性和包容性是我们取得成功的方式,我们从各个方面关心员工和供应商的多样性。"为此,威瑞森电信公司要求在人员引进和工作过程当中,不得因为种族、民族、出身、宗教、性别、性取向、残疾、退伍军人/军事地位和年龄等而有所区别对待,"我们是一个强大的公司,我们有包容一切的文化"。

此外,威瑞森电信公司认为,"我们拥有多样才华的团队,每一天都会专注于为我们的客户服务,我们为此感到自豪。他们联合的智力、精神和创造力让威瑞森电信公司成为一个伟大的工作平台,在这里的所有员工会一起学习和成长"。

威瑞森电信公司把自己的多样性发展目标定为"重视多样性,支持差异性,促进包容性",基于这样一个目标,"无论是员工价值的多样性,还是客户、供应商和社区合作伙伴的多样性都会受到重视,也正是因为此才驱使了公司的业务不断获得成功"。

3.3.2 多样性管理的五个具体做法

与埃克森美孚石油公司和雪佛龙公司不同的是,威瑞森电信公司发展多样性与内部提升的措施共有五个方面,这五个方面体现了威瑞森电信公司自己的发展风格,并且突显了更加重视外部多样性发展的特点。

1. 从顶部开始培养多样化的人才

"我们承诺从顶部开始培养多样性和包容性,我们以此衡量我们的进步,就像我们重视其他方面的业务目标一样。"

事实上，这是一个聪明之举，用一个不太恰当的比喻就是"擒贼先擒王"，用另一个更不恰当的比喻就是"杀鸡给猴看"，这两个比喻似乎是不恰当的，但是借此却能最好地解释这样做的用意，也能从中看出这样做的效果。正所谓"上梁不正下梁歪"，"上梁正了下梁才不容易歪"，说得也是这个道理。

2. 确保女性可以尽展她们的天赋和信心

从鼓励女性可以有更大程度的参与，到培养她们的领导技能，威瑞森电信公司鼓励年轻女性可以尽情释放自己的最大潜力。

3. 建设一个反映公司客户基础的员工队伍

威瑞森电信公司在工作场所支持各种员工资源组织，员工资源组织可以为公司的团队提供丰富的信息，有助于其更好地了解客户和供应商。

4. 全面了解公司所服务市场的多样性

多样性体现在企业所做的一切工作当中。从公司的营销努力到社区外展活动和文化活动的赞助，威瑞森电信公司致力于理解企业所服务市场的各种独特需求。

5. 认可供应商的多样性

威瑞森电信公司与供应商有着多样性的长期承诺目标，倡议和激励采购帮助妇女、伤残退伍军人者拥有的企业和小企业生产的产品和服务。

3.4　波音公司的多样性理念与内部提升

3.4.1　指导思想和发展思路

波音公司对于自己企业的多样性理念是这样认识的，"我们重视不同团队的技能、优势和观点。我们培育一个协同合作的工作平台，所有的员工都可以在这里找到为客户解决问题的方案，从而能够共同推动我们的商业目标不断地向前发展"。

多样性和包容性是波音公司最高级别的价值观的一部分。它认为，为了公司的长远发展，保持员工、商业伙伴和社区关系的多样性是非常重要的工作，有了这些作为前提，公司才能够为世界各地的不同客户创造先进的航空航天产品和服务。此外，波音公司认为，对多元化的承诺意味着为所有员工提供良好的工作环境，在这样的环境里欢迎、尊重每一个员工并希望他们能够广泛参与，从而可以找到个人发展和职业发展的各种各样的机会。当然，这反过来又会提高企业的生产力、质量、创造力和创新能力。这是关键。

波音公司有一个正式的公司多元化战略、使命和目标，并以此来指导内部的各种活动，公司希望因此而每天都可以达到新的卓越高度。"我们的目标是创造一个环境，在这个环境里多样性和包容性将贯穿于我们的组织和我们的行动，我们每一天的业务结果都将反映出它的好处。如果我们能够继续重视和充分利用我们所有员工的技能，我们将在我们的第二个世纪，而不是在我们的第一个世纪里取得更大的成功。"

3.4.2 多样性管理的具体措施

波音公司的多样性管理注重从源头开始做起，也就是要把好入口关，为此波音公司有一个积极的招聘计划，通过大学招聘以确定和吸引不同的人才。在具体的管理措施上，与前面几家公司相同，它也非常看重计划和活动，其中关键性的计划和活动包括指导方案、训练、每月的遗产纪念、公司和区域多样性峰会，以及全球多样性奖励计划，等等。

此外，波音公司还非常看重企业资源团体，它是员工领导的协会，它的存在旨在进一步促进个人的发展和职业的发展，通过它就可以促进公司内部的多样性并加强网络力量的建设。在企业资源团体当中，所有成员有着共同的利益和不同的特点，而且会面向全体员工开放。其中最重要的企业资源团体就是多样性委员会。在波音公司，多样性委员会是由现场领导、管理人员和员工共同组建而成的，它的工作就是以提高员工的参与，提供学习和领导的机会，增加沟通，促进组织多样性计划的实施为目标。波音公司拥有40多个这样的多样性委员会，它们通常由当地的执行冠军给予支持。

为了体现对于多样性的重视，波音公司承诺给予员工平等的就业机会和积极的行动。"波音公司拥有广泛的工作机会、广泛的工作地点和全方位的培训计划。公司致力于为在不容忍歧视、骚扰或报复的环境中提供技能发展和事业发展的机会。"其中，在平等的就业机会方面，波音公司与威瑞森电信公司有着差不多的要求，即平等就业机会的政策禁止任何基础上的歧视，这包括种族、肤色、宗教、国籍、性别、性取向、年龄、身体或精神残疾、遗传因素或军事/退伍军人身份，等等。在积极的行动方面，波音公司致力于采取积极措施，促进少数族群、妇女、残疾人和受保护的退伍军人的就业和进步。

3.5　马拉松原油公司的多样性理念与内部提升

3.5.1　指导思想和发展方向

马拉松原油公司的总裁兼首席执行官 Lee M. Tillman 说过，"马拉松原油公司将继续通过其长期坚持的尊重个人多样性的政策，并且承诺建构每个人的想法都将受到欢迎的工作环境以推动企业不断取得成功，在这里每一个人都有机会实现他们自己的潜力"。他的这句话可以被视为马拉松原油公司多样性发展的指导思想。

从 Lee M. Tillman 的讲话当中，我们可以梳理出五个方面的要点：第一，多样性对一个公司来说必须是一个长期的政策；第二，针对多样性的基础性政策或者说制定多样性政策的出发点应该是"尊重"，有了尊重就有了多样性发展的土壤；第三，欢迎每一个人的想法，欢迎所有人的想法，由此打造可以培育多样性的工作环境；第四，尊重多样性是确保每一个人都能发现自己潜力的前提；第五，做到了前面的几点要求，一个企业的成功就有了保证。

此外，在马拉松原油公司，多样性和包容性是企业经营战略的重要组成部分，由此推动而形成的高绩效团队文化是公司的核心价值观之一。"企业多样化的员工和包容性的环境使公司不仅仅是一个多方面的雇主，随着企业文化的多样性和包容性的发展，公司还有能力成为一个多维的竞争对手。这就是今天的马拉松原油公司，这就是多样性与多元化给马拉松原油公司带来的好处。"

3.5.2　多样性管理的三大措施

马拉松原油公司在多样性管理方面重点采取了三大措施，这三个措施涵盖了工作平台建设、环境与文化发展，以及加强与外部的合作关系三个领域。

其中，第一大措施重视的是工作平台的建设，它的总体指导思想是，"马拉松原油公司是一个机会均等的雇主"。在这个思想的指导下，公司旨在建立一个具有广泛代表性的员工工作平台，在这个平台发展过程当中，公司重视招聘、雇用和提升有着全面发展潜力的人员，同时要确保员工的多样性，为此要给员工提供足够的培训和发展机会，要给予员工平衡工作和生活的资源。它的具体措施包括如下五个方面。

1. 建立包容的工作环境

马拉松原油公司致力于保持一个包容的环境。在这个环境当中所有的员工都会受到尊重和重视，所有的人都可以把他们的经验、知识、思想和意见带到工作场所中来。

其实这样说起来容易，而做起来是比较难的，其中的难点在于：第一，一个企业的最高领导人希望保持一个包容的环境，可是他们是否能够说到做到。第二，企业的高级领导者和管理者们是否能够相互尊重并尊重下属。第三，所有的员工都可否畅所欲言。第四，真的可以做到让所有的员工畅所欲言时，他们是否愿意说。

马拉松原油公司是否做到了我们不得而知，我们知道的是在中国企业里要建构这样的环境一定是困难重重的，这不是说我们的企业家们不想这样做，也不是说他们没有在这样做，而是中国文化的特点制约着我们当面说话、对面评价、见了上级不害怕的习惯。事实上，我们没有那样的当面讲真话，面对面可以评价，见了领导如同见到了兄弟和朋友一样亲切的习惯。

所以说，要建立包容的工作环境，对中国企业而言首先应该从改造我们的习惯入手，从领导者放低身段开始，然后还要与企业绩效管理的体系进行有机结合。

2. 进行合理的员工布局

马拉松原油公司的员工主要分布在北美、非洲和欧洲，美国有 25% 的员工目前符合退休的条件。马拉松原油公司的目标是招募、雇用和提升最有资格的候选人，同时使员工多样化，并确保发展的机会，以进一步提高企业在全球的专业和管理职位的多样性组成。

这似乎也是一个渐进式改革的方法。对很多企业而言，领导者是真心想建立多样性的工作环境，培养多样性的员工，而他们的企业现状是有着大量的不是那么具有多样性的员工，员工也没有那么强烈的多样性发展意愿，如此怎么办。我们前面说过，不能为了多样性而多样化，也不能为了多样性就牺牲掉曾经为企业做过很多贡献的老员工。所以，随着大量员工的退休，在新引进人员的时候，把好多样性的入口就是一个关键性的选择。正如马拉松原油公司所做的那样，退休 25% 的同一化的员工，补充 25% 的多样化的员工，员工的多样性改革至少就完成了 1/4 的任务。

3. 重视员工招聘和发展

马拉松原油公司的多样性招聘策略包括与教育机构和专业组织的合作，以增加技术领域的代表性，并进一步提高公司吸纳不同人才的能力。

4. 加强与教育机构的合作

马拉松原油公司在科学、技术、工程和数学领域加强与当地学校和工业项目的合作，为下一代的员工增加接受教育的机会。

5. 设计灵活的工作机制

马拉松原油公司有一个为所有员工提供的全面福利设计，旨在为员工提供工作和个人生活之间的平衡，为此他们可以选择弹性工作时间，等等。

马拉松原油公司重视多样性的第二大措施是加紧培养环境与文化的多样性，为此，马拉松石油制定了很多的发展措施，包括培育多样性团队，进行广泛的教育和培训，创建文化意识课程，制订各种各样的辅导计划，等等，这些同时也都是塑造企业高绩效团队文化的关键要素。

马拉松原油公司重视多样性的第三大措施是重视发展外部关系的多样性。"作为一个优秀的企业，公民和利用外部伙伴关系是我们业务成功的关键组成部分，它们同时也是我们的价值观。"此外，马拉松原油公司与其他公司和组织发展对外合作伙伴关系，也被看成是企业为国家和社区进行宣传工作的一部分。再者，马拉松原油公司还制订了供应商多样性计划，它的重点是使用本地的产品与服务和在整个公司与不同的供应商建立合作关系。

3.6 富国银行的多样性与包容性理念

3.6.1 多样性与包容性理念的主要内容

富国银行的多样性和包容性理念主要来自其公司前董事长兼首席执行官 John G. Stumpf（2016 年 10 月刚卸任）的思想，John G. Stumpf 在企业文化建设方面有着非常丰富的见解，后文我们还将介绍他关于企业文化的众多观点。在这里先看一下他关于富国银行的多样性与包容性理念的主要表述，材料取自其公司的网站。

"我们希望为富国银行的员工建立和维持一个多样性和包容性的文化，在这里他们被重视和被尊重，他们知道他们是谁，他们清楚地知道需要为我们的公司带来什么样的技能和经验。

"我们希望团队成员能够感到舒适和享受我们社会的一部分，他们知道在这里他们可以建立一个职业生涯并且帮助我们的公司取得成功。

"我们对多样性和包容性的承诺是我们可以成为世界上最伟大公司之一的关键。这是一个企业的当务之急，它可以让我们利用来自多个视角的创造力和创新观点。它也可以使我们能够快速和有效地响应客户的需求，无论他们出现在何处。它有助于我们更全面地了解客户，以新的方式看待商机，并成功地为客户服务。

"我们要重视和促进多样性，让它体现在我们的业务的每一个方面，出现在我们组织的每一个层次。我们的目标是团队成员的多样性，由它可以反映我们所服务的社区的多样性。我们需要吸引、培养和留住最优秀的、最多样化的团队成员，我们可以找到他们并且每个领导者都负有这个方面的责任。

"但多样化并不是我们想要的唯一的理想结果。我们也希望建立一个具备包容性的文化，能够接受差异和开放的新思路，这将有助于我们制定更好的决策和最具竞争力的创新方案，从而可以为我们提供市场竞争优势。如果不重视包容性，多样性的真正价值就无法实现。"

3.6.2 促进多样性发展的四大措施

为了促进多样与包容性的发展，富国银行制定了四个方面的措施，我们同样借用 John G. Stumpf 的描述来看一下它们所包含的具体内容。

1. 推动广泛的多样性

"我们的团队帮助我们赢得了更多的顾客并且为他们提供了更好的服务，这些顾客包括拉美裔美国人、亚裔美国人、非裔美国人、同性恋者、双性恋者、变性人社区、妇女、退伍军人和残疾人员。从某种意义上说，我们的多样性涵盖了所有类型的人口，我们希望在未来的几年里，公司在这个方面可以继续向前发展。"

2. 多样性的供应商

"因为不同的供应商都可以支持经济的发展，都能在我们所服务的社区创造就业机会。所以，我们将多样性整合到我们的供应商采购过程中。我们的目标是要花费至少 10% 的年度可控预算与认证的弱势群体、少数族群和妇女拥有的企业及小型企业做生意。"

3. 成立多样性和包容性委员会

"作为首席执行官，我主持我们的企业多样性和包容性委员会，其中包括来自全国各地的高级领导人。这些领导人负责制定与公司的目标和影响变化相一致的决策。除此之外，我们还有区域性的、本地的和业务方面的多样性和包容性委员会。"

4. 建立团体成员工作网络

"这些团体提供专业和领导力发展方面的指导，并为我们的团队成员提供参与社区发展的机会。他们作为一种企业发展的资源，可以洞察客户的见解，并且有助于招募新的团队成员和加强我们的品牌声誉。"

3.7 宝洁公司的内部提升理念和具体制度

与前面几家公司不同的是，虽然都属全球化的公司，但是宝洁公司却没有花费太多的篇幅于其企业文化当中对多样性进行表述，而是实实在在地于内部提升方面设计了针对性很强的理念以及非常具体的管理制度，这种非常注重内部提升的思想与方法对我们的企业而言具有很高的参考价值。

3.7.1 宝洁公司的内部提升理念

宝洁公司就是宝洁人及他们所遵从的价值观。宝洁公司致力于吸引和招聘世界上最优秀的人才，并且实行从内部发展的组织制度，选拔、提升和奖励表现突出的员工而不受任何与工作表现无关的因素影响。宝洁公司坚信，所有员工始终是公司最为宝贵的财富，而且公司鼓励员工把可持续发展的思维和实践融入日常的工作。

分析这个描述可知以下几个方面。

（1）"宝洁公司就是'宝洁人'及他们所遵从的'价值观'。"这是我们所见到的重视员工作用的最直接也是最完美的陈述，它所代表的不仅仅是"员工就是企业竞争优势"的思想，而且还把公司直接等同于员工，由此可见其对于员工看重的程度已经达到了无可超越的程度。而这也是其最终提出内部提升理念的根源。

（2）"我们吸引和招聘世界上最优秀的人才，并且实行从内部发展的组织制度。"这句话是其注重内部管理和强调内部提升的核心要点，在这个要点当中，从全世界选拔最优秀的人才是一个前提，然后注重从内部提升和奖励表现突出的员工而不受任何与工作表现无关因素的影响是其发展的路径。

（3）最后我们再看一下其强调内部提升的思想出处在于，"我们坚信，宝洁公司的所有员工始终是公司最为宝贵的财富"。是不是所有的企业都会把它们的员工视作自己的财富呢？如果是视作自己的财富，那么你希望还是不希望他们工作和生活得好呢？如果你只是把他们当作工具，用着顺手就用，用着不顺手就扔，那么你是无论如何也不会真心实意地希望他们好的，不希望他们好，你就当然不会重视他们，不重视他们就谈不上注重内部提升了。所以我们说，真心实意地希望员工好，把员工真正地当作自己企业的资源、财富和伙伴的企业才能最终建立起内部提升的理念体系和具体的管理制度。

在这个方面，我们是可以向宝洁公司学习的。

3.7.2 宝洁公司注重内部的管理制度

宝洁公司注重内部的管理制度一共有四个方面，它们分别是内部培训制度、内部提升制度、内部轮岗制度和人才支持制度。

1. 内部培训制

在宝洁公司的人才培养体系当中，培训机制是非常重要的组成部分，也是宝洁公司口碑最好的制度之一。

在培训方式上，宝洁公司采用混合式培训，包括在职培训、课堂式培训、网上培训、远程培训等。在职培训是其中最为核心的部分，它包括直接经理制和导师制等。其中，直接经理制是指，明确指定的直接经理对下属进行一对一的培养与帮助。每一位员工从刚进公司开始，就会有一位直接经理对其工作进行指导，这是一对一的真正的商业培训，培训的内容甚至会包括拜访客户的语气、对每一件小事的处理等。

2. 内部提升制

宝洁公司是当今为数不多的采用内部提升制的企业之一。内部提升制已经成为宝洁公司企业文化的显著表现形式之一，是宝洁公司用人制度的核心，也是宝洁公司取得竞争优势的一个重要源泉。随着宝洁公司的成长而一道成长的员工的自豪感和主人翁意识保持了公司的凝聚力。

3. 内部轮岗制

与内部提升制密切相关的另一项制度是宝洁公司的轮岗制度，即员工能够在足够的工作年限之后改变工作岗位，到不同的部门或者不同的区域继续工作，即跨国轮岗或跨部门轮岗。在轮岗问题上，公司会尊重员工的想法，并努力提供更多的机会来实现其个人选择。

4. 人才支持制度

作为激励机制的重要组成部分，宝洁公司具有非常有竞争力的薪酬体系和员工福利待遇。在某种程度上，宝洁公司员工手上握住了许多其他公司没有办法提供的"工作方式选择权"，即可以选择是否执行弹性制度，包括自由选择上班时间、自由决定是否参与员工持股计划、自由选择在家工作一天等。这样做的目的是让员工更自由，让员工更主动，让员工更快乐，让员工更温暖。

工作制度上的弹性和人性化是宝洁公司在人才培养上能取得成功的重要原因

之一。目前，宝洁公司采取上下班时间弹性化的管理方式，只要能够保证从上午十点到下午四点的核心工作阶段，具体上下班时间并无限制。另外，自 2007 年起宝洁公司实施了"在家工作"的政策，工作超过两年的员工，在工作性质允许的情况下每周可以选择一天在家上班。"个人离开"假期也是宝洁公司的一大福利。凡在公司工作一年以上的职员，可以因个人的任何理由，每三年要求一个月，或者每七年要求三个月"个人离开"。这些方针，在契合宝洁公司整体文化的同时，也在整个人力资源市场上领导性地创造了一种更具弹性、更自由、更容易让员工发挥创造力和想象力的氛围。

第4章　员工理念与员工管理

"得人才者得天下"，这永远是企业经营的第一要义；"得人才真心工作者可以雄视天下"，这永远是企业管理的第一要义。基于这样一个指导思想，我们认为在企业文化建设与管理的过程当中应该始终把"员工理念与员工管理"放在一个突出的位置，重视它，努力做好它，然后企业就可以长足地进步和快速地发展。

正所谓英雄所见略同，我们能够想到的，那些杰出公司的企业家们也当然能够想到，而且他们是真英雄，所以他们想得比我们还要多，还要细，还要周全，还要管用。为此，我们整理了其中七家公司的员工发展理念和员工管理的思想以为有志于"选择好人才，管理好自己员工"的企业家们及其企业提供有应用价值的参考。我们所选择的这七家公司分别是埃克森美孚石油公司、雪佛龙公司、威瑞森电信公司、JP摩根大通、波音公司、花旗集团和富国银行。

经过研究发现，这七家公司的员工理念和员工管理方法各有千秋，独具特色，而且都能够做到独领风骚于所在的行业，事半功倍地应用于所在的企业。

其中，埃克森美孚石油公司除了有一个明确的员工发展理念以外，还有三个针对性非常强的具体工作措施。雪佛龙公司在一个总体理念的指导下特别强调安全的思想，并且非常重视对员工进行全面的培训。事实上，在这些公司的员工管理工作当中没有一家公司不重视员工的培训和员工的潜力发展。威瑞森电信公司建构了一个基础性的员工理念体系，同时强调保护员工的隐私和要求员工进行合理回避。JP摩根大通的员工理念和员工管理方法最为丰富，其核心员工理念是建立一个"全生命周期的员工管理和支持体系"，并主张在一个统一的目标引导下强化五个方面的具体工作，这涉及招聘、培训、绩效管理和晋升、薪酬体系和继承规划五大领域。波音公司的员工理念最为特别，它只强调两个方面的内容，一个是"道德"，另外一个是"合规"，而于这两个理念的描述过程当中又融入了大量的先进的员工管理思想。花旗集团的员工管理注重五个方面的工作，它们分别是：建立和运行员工发展网络；建构21世纪多样性发展平台；发展和奖励人才；建构包容性的文化和环境；重视员工的健康和财富。富国银行的员工管理理念分为总体理念和具体理念两个方面，在这两个方面公司都提出了大量且非常系统又非常富有哲理的真知灼见。

企业管理的真谛在于坚持自己的独特风格，而在这风格形成的过程当中又并不排斥可以兼融百家之长以补一家之短。当然了，对那些还没有形成自己管理风格的企业而言，或者对那些希望建立自己管理风格的企业家和有志于成为杰出企业家的公司高管们来说，取百家之长的目的不只是为了补一己之短，而更是要成就一己之长，同时还有可能收到"青出于蓝而胜于蓝，成冰之水更寒于水"的效果。

4.1　埃克森美孚石油公司的员工理念与具体的员工管理措施

埃克森美孚石油公司的员工管理体系以一个理念作为指导，并由三个具体的措施构成。其中，在员工理念方面其使用的关键词是"专业"、"职业"、"多样化"、"安全"和"诚信"，等等。它坚信，有了这样的员工管理理念作为指导，就可以帮助公司"完成高质量的工作和争做良好的企业公民"。三个具体的措施分别是培养和培训员工，建立广泛的员工福利体系和提供平等的工作机会及其保障措施。

4.1.1　埃克森美孚石油公司的员工理念及其解读

埃克森美孚石油公司是这样描述其员工理念的："我们致力于员工的专业发展并支持他们的职业目标。我们致力于培养多样化的高素质人才，借由他们致力于实现企业的商业优势。我们使用一个长期的和职业导向的方法，包括招募优秀的人才和提供机会以广泛地发展个人能力并完成他们的任务。我们的员工文化植根于一个广泛的共同承诺，包括共同致力于安全，保持诚信，完成高质量的工作和争做良好的企业公民。"

分析一下这个理念，可得如下几个要点。

（1）正如前面我们所说，埃克森美孚石油公司的员工理念首要的两个关键词就是"专业"和"职业"。其中，"专业"是指员工的知识和技能，"职业"是指员工的发展目标和职业规划。事实上，这两个方面的思想或要求是可以用于所有员工身上的基础性要求。如何去实现它们先不说，能不能重视它们是关键。如果一个企业真正把员工看成是自己的财富，是资源，是伙伴，那么就应该注重员工在专业上的发展和提升，就应该帮助员工规划他们的职业路径和上升通道，如此是真心对待员工之举。针对这样两个目标，埃克森美孚石油公司用了两个关键词以表示它的态度，一个是"致力于"，另一个是"支持"。"致力于"可以理解为努力去做，"支持"可以理解为全面引导和用心相帮。可以认为，有了这样的态度就一定会做好这方面的工作。

（2）"我们致力于培养多样化的高素质人才，借由他们致力于实现企业的商业优势。"在这句话当中首先强调的是多样性的理念与人才培养工作的对接，其次强调的是"员工是企业可以获得商业优势的关键"。关于这样两个思想，我们在前面一章已经做过分析并且举了很多的例子，于此把它们重新提出以示它们的重要性。

（3）埃克森美孚石油公司的员工发展采用的是一个长期的职业导向的方法。这样的方法不仅注重员工长期能力的培养，而且注重规划员工的长远发展。此外，这种长期的职业发展导向还注重全过程的员工培养和管理，包括"招募优秀的人才和提供机会以广泛地发展个人能力并完成他们的任务"。

（4）除了前面三个要点以外，埃克森美孚石油公司的员工发展还注重与企业文化的结合，为此该公司强调了四个方面的思想，即安全、诚信、高效工作和争做良好的企业公民。其中，安全、诚信和高效工作的思想主要用于内部，争做良好的企业公民主要用于外部，它们既是对于员工提出的要求，也是向社会提出的保证。

4.1.2 培养和培训员工

在员工管理过程当中，或者说是在整个人力资源管理体系里，培养和培训员工都是一项重要的工作，它的重要性已经为广大的企业家所认识，但是却并没有赢得所有企业家的重视。有的企业在培训员工方面不舍得投入，有的企业对于员工的培养没有规划，它们更多看重的是眼前的利益，而忽视了这种可以帮助企业现在和未来更加成功的最有价值的投入。

我们看一下埃克森美孚石油公司在这个方面是如何做的。"为了确保在行业里技术领先的优势，我们75%的投资都投向了职业培训和技能培训。"这是不是一个大手笔，这是不是一个很高的比例？75%的投资都投向了员工的培养和培训工作，举目整个世界的企业，能有多少公司可以与之匹敌。它为什么要这样做，因为它想确保在行业里技术领先的优势。这样做有效果吗？看一下它世界第一石油公司的名头你就知道答案了。

我们再看一下埃克森美孚石油公司在这个方面是如何想的。"全球化和多样化的工作环境可以为埃克森美孚石油公司带来巨大的竞争优势。我们创建和发展可以为员工提供个性化和专业化的职业发展环境，鼓励他们进步，以及努力去争取实现自己的职业目标和发展目标。"这个思想既可以看作是前面员工理念的深入，也可以看作是它的行动路线。

"在每年的绩效评估和绩效发展过程当中，所有的员工都会与他们的主管之间有一个结构性的、常态化的绩效讨论，讨论的内容包括他们的技能发展、培训目标、成长机会和绩效收益。这个过程为未来员工们获得绩效教练和绩效提升打下了很好的基础。"

另外，"公司的培训项目，因此而建立的师徒关系，以及网络化的发展机会可以使员工们在整个在公司工作的时间里都会受益。公司与员工约定战略的另外一个方面是为他们提供稳定的绩效训练项目，以帮助他们不断提高技能"。

关于员工培训和培养与绩效管理工作之间的关系，可见我们的另外一本书《企业文化与绩效管理及其互动影响研究》，在那里我们建构了一个"7P"绩效管理框架，其中很多内容谈及这个话题。

4.1.3　建立广泛的员工福利体系

无论是前面所说的培养和培训员工，还是在这里要介绍的建立广泛的员工福利体系，这都不是什么新鲜的名词，也不是什么新鲜的说法，随便找出一个企业家问他这两个方面的内容，他都可以说出很多道理，甚至可以告诉你很多有用的方法。可这就是问题的所在，很多时候很多人明明知道它们重要，但就是做不好。这是为什么呢，我想原因可以归结为两点：其中之一是用心与没用心，其中之二是用脑与没用脑。

所谓的用心与没用心是指态度上的问题，它要看的就是企业家们在带领他们的企业做这些事情的时候是不是真心的，是不是真的投入了。如果说每年对每一名员工培训一天的话，那能起点儿作用，但是能起多大作用呢。如果说每年给每一名员工发放一次 100 元钱的过节红包那会有一点儿作用，可是这个作用又有多大呢。不仅有这个心，还要有这个力度才行。什么是力度，埃克森美孚石油公司把 75% 的投资都投入了员工的培养与培训工作当中，那就是力度，你可以不投入75%，你可以投入 50%，你可以投入 30%，你甚至可以投入 10%，这都可以。可是如果你连 5% 的投入都没有，甚至还达不到 1%，你说这叫有力度吗，这叫重视吗，这叫懂得他们的重要吗。重不重要不是看嘴上说没说、心里想没想，而是看行动当中做没做。

所谓的用脑与没用脑是指方法上的问题，方法上的问题通常不是问题，只要你用心，方法总是可以找到的。下面我们就看一下埃克森美孚石油公司在建构广泛的员工福利体系方面是如何想和如何做的：

"我们的福利计划是总的薪酬计划中一个不可分割的部分，它的存在旨在支持我们的长期业务目标，以及吸引、留住和奖励最合格的员工。我们的目标是要满足员工们从他们的职业生涯直至他们退休以后的需求。

"我们要确保员工可以获得负担得起的医疗保健，以有助于员工管理他们的医疗保健，并在这个过程当中减少财务问题。在每个我们业务所在的国家，针对配偶的福利覆盖范围是基于法律认可的婚姻关系进行的。

"合格的养老金计划的资金水平符合适用的法律或法规。界定福利退休金义务由埃克森美孚或相应的赞助会员的资金给予完全的支持。公司提供退休福利以支持我们长期的职业方向和商业模式。

4.1.4 平等的工作机会及其保障措施

平等的工作机会源自员工多样性理念，在我们分析员工多样性理念的时候发现，我们所研究的这十家美国公司几乎都在强调员工平等、工作机会平等的理念和做法。它们的核心思想就是要为符合所有适用法律和法规的个人提供平等的就业机会，只要这样的人有能力完成自己的工作就不得以任何方式对他们采取歧视性的政策。

下面我们就看一下埃克森美孚石油公司在这个方面的想法和做法。

公司在没有歧视的情况下管理它的政策、程序和实务，以处理在各个方面的工作关系，包括招聘、录用、工作分配、晋升、流转、辞退、工资和薪水管理，以及选择和培训。这可以看作是一种全过程的和全方位的平等。

经理和主管负责实施和管理这一政策，维护一个不受非法歧视的工作环境，并及时识别和解决任何有关于平等就业机会的问题。为了提供平等的工作机会，以下内容也是工作的政策之一：①发展和支持面向少数民族和妇女的教育、招募项目；②发展和提供可以帮助完善多样化工作环境的工作安排，以平衡员工在家庭和工作两个方面的义务；③建立可以支持多样性工作环境的培训项目；④营造一个不受性、种族或其他因素骚扰的工作环境；⑤制定合理的住宿条件，使合格的残疾人能够履行其工作的基本职能；⑥在组织的每一个层面上都强调这些问题的管理责任。

当一个人认为他自己已经观察到或遭受到禁止的歧视时，他应该立即向其主管报告相关事件，或向更高的管理者反映，或者也可以联系为他们指定的人力资源部门的联系人。

个人在行使这些权利时不会受到骚扰、恐吓、歧视或报复，这是由这项政策和各种生态法律提供保护的权利。

4.2 雪佛龙公司的员工理念与员工管理

正如我们前面所说，雪佛龙公司的员工管理是在一个总体理念的指导下特别强调安全的思想，以及非常重视对员工进行全面的培训。

4.2.1　雪佛龙公司员工管理的总体理念及其解读

前面第三章我们已经介绍过雪佛龙公司关于员工管理的总体理念，下面我们再看一下它的具体内容以作分析。

"在雪佛龙公司，我们依靠强大的人力资源的力量去帮助我们寻找更新的资源，以更好的和更清洁的方式为世界提供能源。因此，我们承诺为我们的员工和合作者提供安全和健康的保护。同时，我们对人力资源进行投资，以加强我们组织的力量，并发展我们的全球员工，让他们用正确的方式去做正确的事情。最后，我们尊重所有员工以及我们工作于其中的社区成员的权利。"

分析一下雪佛龙公司的员工理念，可知：

（1）员工是企业的竞争优势，强大的人力资源的力量是做好一切工作的保证，这是员工理念和员工管理的出发点。

（2）企业是员工的忠诚伙伴，员工为企业努力工作的时候，企业要从安全和健康等方面为员工提供保证和保护。

（3）企业的强大依靠的是员工力量的强大，为此企业要对人力资源进行投资，要通过加强员工的力量以加强企业组织的力量。因为雪佛龙公司是一个全球化的公司，所以它还要发展全球员工的力量。

（4）员工理念与企业的核心价值观必须有机对接，雪佛龙公司一个重要的价值观就是用正确的方式去做正确的事情，而最能够体现这个价值观的就是雪佛龙公司的员工，所以它也应该成为雪佛龙公司的员工理念之一。

（5）最好的员工理念就是尊重员工，尊重员工然后赢得员工的尊重就是最好的员工管理方法。

4.2.2　保护员工安全

因为雪佛龙公司所在行业的特点，所以这家公司非常看重对于员工的完全保护，"在雪佛龙公司，我们所做的每一件事情都必须基于安全出发。我们的安全文化坚持这样两个原则：①安全地去做或者根本不做；②总是用正确的方式去完成"。

这是雪佛龙公司保护员工安全的理念和指导思想，下面我们再看一下公司的具体措施，及其非常重视的"杰出操作和管理系统"。

所有的工作都带有危险性。雪佛龙公司利用"杰出操作和管理系统"去识别和管理可能存在的风险，并在各个层次上提高技术和工具的水平。雪佛龙公司有一个不变的安全政策，它一如既往地培训员工，授予员工在感觉危险时立即停下来的权利和责任。雪佛龙公司也是一个提供健康和安全教育项目的领导者，无论是它的员工，还是员工的家人以及公司的工作活动的社区都要参与其中。

雪佛龙公司对于员工的健康和安全的承诺被写入了"雪佛龙之路"中，在那里它是这样说的："我们把工作环境的健康和安全以及保护环境和财产置于最优先考虑的地位，我们的目标是通过严格地执行我们的优秀操作管理系统以赢得世界一流的绩效并因此而广受尊重。"这种承诺也由"杰出操作和管理系统"在公司的所有层面进行强化与管理。

雪佛龙公司承诺员工和设施要免于受到伤害，为此必须建立严格的操作纪律，而这就意味着在每时每刻都必须以正确的方式去完成任务。从评估风险到采取每一步的措施都必须有认真的态度，个人的安全应该在"杰出操作和管理系统"的管理下去追求各种目标，而写出安全工作实践是雪佛龙公司广泛的安全项目的一个重要组成部分。这些安全工作实践可以帮助公司及其员工更有效地从事危险的工作。"我们采取措施去推广这些安全的原则，在我们的所有工作和生活循环当中利用它们去管理风险和建立预期。"

雪佛龙公司通过识别危害和采取行动，可以消除或减轻风险，并要分享它所知道的信息。要做到这一点，雪佛龙公司已经开发了危险识别工具，这些工具帮助那些参与高风险活动的人识别和控制每一个作业活动当中所特有的重大潜在危险。

雪佛龙公司支持许多员工安全计划。因为它的许多员工营运汽车的工作，所以它致力于改善道路安全。雪佛龙公司全面的道路安全管理程序是其"杰出操作和管理系统"的一部分。自 2003 年以来，公司一直禁止在驾驶公司车辆或进行公司业务时使用手机和电子设备。雪佛龙公司还要求员工完成特定防御驱动程序的培训，它的汽车碰撞率在其行业当中是最低的。

雪佛龙公司基于行为的安全计划中还包括同行评估，这可以帮助提高所有员工的安全意识。员工和承包商都知道有在不安全的情况下停止工作的权利，也有制止不安全行为和危险的责任。

4.2.3　培训和发展员工

与埃克森美孚石油公司一样，雪佛龙公司也非常看重对于员工的培训和发展，"为了加强企业组织的力量，我们借助在人才战略上的投资来发展和培训我们员工的技能和经验"。与埃克森美孚石油公司也一样的是，雪佛龙在培训和发展员工的时候，也把这项工作与绩效管理关联在了一起，"作为投资于人才战略的一部分，我们鼓励管理者和员工之间进行讨论的重点就是要不断提高个人的绩效表现。在 2014 年，我们符合条件的员工完成了这些绩效讨论并制定了年度发展目标"。

与埃克森美孚石油公司还一样的是，雪佛龙公司也注重全过程地开展员工培训和发展工作，"技能的发展发生在我们员工职业生涯的每一个阶段。例如，所有的新员工都要参加入职培训的学习之旅，这其中包括在雪佛龙公司的车间进行学习。在 2014 年，有 93% 的新员工达到了这一目标。我们的视野计划是一个加速发展计划，它帮助工作不到六年的员工们提高了技术能力和全面的经验。在 2014 年的视野计划当中，有近 3200 名员工表现非常活跃"。

前面我们曾经提出过一个思想，即"重复的就是重要的"。也就是说，如果一个思想理念或者一个具体的工作方法被多家企业同时提及，那就说明这个理念或这个方法是非常有用的，也是非常重要的。在员工培养和培训方面，埃克森美孚石油公司和雪佛龙公司同时强调了三个方面的内容，它们都认为这三个方面很重要，而且我们也认为它们确实很重要，这三个方面分别是：①员工的培养和培训工作很重要；②员工的培养和培训工作必须与企业的绩效管理工作进行有机的对接；③必须对员工进行全生命周期的培养和培训工作。

除了常规的培养和培训工作以外，雪佛龙公司还非常注重更高层次的培训内容和培训方式，"雪佛龙公司致力于与我们超过 58 000 名的员工进行开放式的交流。除了我们的年度全球员工大会以外，全球各地的商业单位还会开展城市论坛和其他会议，讨论的主题包括安全和业务表现，以及员工的多样性发展等"。

4.3 威瑞森电信公司的员工理念与员工管理

威瑞森电信公司的员工管理由一个基础性的理念体系作为指导，并且重点强调了两个方面的工作。

4.3.1 威瑞森电信公司员工管理的基础性理念体系

威瑞森电信公司的员工管理由这样一些基础性的理念作为指导，它们分别如下。

"我们拥抱多样性和个人发展，这不仅因为它是正确的事情，而且还因为它是聪明的事务。"

"我们的员工不是由'自我'驱动的，而是由'成就'驱动的。"

"我们对员工和客户保持我们的承诺，我们之言就是我们的合同。"

"我们彼此尊重和互相信任，坦诚沟通，坦率和直接地拒绝任何方式的不公平和浪费时间。"

"所有的人可以尽情表达他们的意见并要学会采纳建设性的建议，然后在我们的全力支持下，大家团结一致地进行行动。我们当中的任何一个人都可以向其他任何人提出一个观点或想法，并要听取和重视他人的看法。所有的想法都应该成功或失败于它们的优点，而不只是停留在它产生的地方。"

4.3.2 对威瑞森电信公司员工管理基础性理念的全面解读

通过分析上述威瑞森电信公司关于员工管理的基础性理念，我们从中可以得到很多启发；结合这些启发我们再做进一步的思考，可以得到如下一些结论。

（1）它对于多样性的认识最贴近我们的看法，我们的看法是重视多样性不仅是一个企业高尚的行为，而且还可以帮助这个企业获得多样性的人才，支持多样性和个人的发展就是为企业储备最大的资源。所以说，它不仅是正确的事情，而且还是聪明的事务。

（2）员工的发展首先是基于求利的目标，然后才是他们为企业创造出价值。员工们如果在一个企业无利可图，那么他们就会离开这个企业，或者即便留在这个企业，他们也不会为企业作出多大的贡献。因此，员工求利是可以为员工的发展提供动力的，而多样性的员工求利就可以为企业发展提供多元化的支持。鼓励员工求利，鼓励多样性的员工谋求不同之利，最终成就的是企业利益的最大化。

（3）大企业是没有秘密的，小企业也应该追求公开，因为每一个企业都想长期存在和永续发展，没有任何一个企业希望自己很快消失。所以，越是公开，越是能够信守承诺的企业，就越具备做成百年老店和千年老企的条件，为此，说到做到是一个企业可以安身立命的最大保证。如果一个企业能够做到"我们之言就是我们的合同"的话，那么这个企业就会持久地赢得信任，从而可以建立永续发展的基础。

（4）尊重和信任是一把双刃剑，你尊重别人，别人才有可能尊重你，你做让人家信任的事，人家才有可能信任你，然后被你所信任。而如果大家都能够做到彼此尊重和互相信任的话，那么可以节约的就不只是时间上的成本，它还可以成倍地提高效率。员工是你的资源，是你的资本，也是你的朋友，如何才能最大化地发挥他们的作用呢，那就需要你与他们坦诚沟通，并且可以坦率和直接地拒绝任何方式的不公平，这样他们就会更加信任你，更加尊重你，你也就节省了大量的时间成本和管理成本。对任何一个企业而言，时间都是最大的成本，如果把时间浪费在没有效率的监督、控制、约束员工上面，最后一定不会得到员工最大的回报，这与企业做事的出发点是相违背的。企业希望员工好好工作，但是却不相信他们能够好好地工作，这就是对员工最大的不信任，也是最大的不尊重。信任与尊重员工的目的可能是希望员工好好地工作，可是因为有了这种信任与尊重以后员工就真的可以好好工作了，那么目标与手段就没有什么分别。

（5）仔细倾听员工所言，让他们可以大声地说出所想，是很多杰出公司在管理员工方面积累的宝贵经验。可以畅所欲言的企业，它往往会有层出不穷新的想法；可以大声说出所想的企业，它往往会形成人人愿意创新的氛围，而这些都是当代企业能够成为杰出公司的最重要的力量源泉。"所有的人可以尽情表达他们的意见并要学会采纳建设性的建议，然后在我们的全力支持下，大家团结一致地进行行动"，就能共创企业的辉煌；"我们当中的任何一个人都可以向任何其他人提出一个观点或想法，并要听取和重视他人的看法。所有的想法都应该成功或失败于它们的优点而不只是停留在它产生的地方"，这样不仅可以推动企业的不断成长，而且还可以推动每一名员工不断地进步。如果企业的成长和员工的进步相互产生了积极的影响，那么这种积极的影响不仅可以成就个人的绩效表现，而且还可以最大化地提升企业的绩效成果。

4.3.3　保护员工隐私

威瑞森电信公司的员工管理有很多的措施，可是基于所在行业的特点，它更看重其中的两条，一个是保护员工隐私，另一个是要求员工合理回避。

关于保护员工隐私，威瑞森电信公司是这样要求的：

"公司必须采取适当的措施来保护员工的个人机密信息，包括社会安全号码、识别号码、密码、银行账户信息和医疗信息，等等。

"你不应该访问或获得，也不得对外透露威瑞森电信公司员工的个人信息，除非你有合法的商业目的，否则不得使用从威瑞森电信公司的业务记录或系统当中获得的信息。根据适用的法律、法律程序和公司政策，所有这些行为都必须要得到批准。"

4.3.4　员工合理回避

关于员工合理回避，威瑞森电信公司是这样要求的：

"在威瑞森电信公司的业务往来过程当中，你不可以管理与你有亲密关系的人，比如说你的家庭成员，与你有或者会有一个浪漫关系或其他亲密关系的个人。

"如果你有亲密关系的人在与威瑞森电信公司有业务往来的公司当中工作，你也应该回避，而不要参与或管理选择的过程。

"如果你和一个人有以上所说的关系，即使是间接的关系，你也必须及时向公司汇报。

"此外，你不应该在公司中使用你的职位来谋取个人的利益或者是那些朋友或亲戚在公司当中的利益。"

4.4　JP 摩根大通的员工理念与具体管理措施

JP 摩根大通的核心员工理念就是建立"全生命周期"的员工管理和支持体系，公司为此强化了五个方面的具体工作措施，它们涉及招聘、培训、绩效管理和晋升、薪酬体系和继承规划五大领域。

借助这个理念和五个措施，JP 摩根大通所追求的目标如下：

"杰出的员工、强有力的领导和高效的治理是我们成功的基石。公司已经建立了很高要求的发展标准，在我们的领导与管理委员会的带领下，我们将会努力建构一个可以让所有的人都能保持诚实、感觉公平和愿意承担责任的工作环境。我们将持续评价和分析我们员工的绩效表现、领导力结构和治理模式，以确保它们可以反映和支持我们一向坚持的企业发展标准，并且能够保持我们今天和明天为顾客、股东和社区努力服务的良好定位。"

分析 JP 摩根大通的核心员工理念及其要实现的最终目标，我们可以从中得到以下四点启发。

（1）对于员工的管理要注重过程和细节，要选择好出发点。可能不是所有的员工都会一直待在你的公司里，他们在某一个时刻可能会选择离开，但是这些都不能成为你的公司进行员工管理的前提。一个杰出公司管理员工的出发点一定是这个员工能够一直忠诚地为公司效力。有了这样一个出发点以后，公司针对每一名员工的管理工作才能基于长远的目标进行设计，才能真心实意地为员工着想并努力促成员工为公司着想，这样所有的员工在这个公司的发展才能自成系统。而一旦每一个员工于所在的公司都形成了自己的发展系统以后，也就是说从他入职到他退休都已经被做了系统和理想的安排以后，他就不可能再去想要离开公司的事情。即便有的员工曾经想过离开你的公司，但是因为你为他打造的这个系统已经为他想好了一切，所以让他感觉事实上是离不开你的，于是他就会打消这样的念头，甚至是永远打消这样的念头。

（2）一个公司管理的基础是什么，或者说一个公司管理的主体脉络是什么，按照 JP 摩根大通的理解应该有三个要素，那就是杰出的员工、强有力的领导和高效的治理。其中，杰出的员工是基础当中的基础，一个好汉三个帮，一个篱笆三个桩，再优秀的领导如果没有了兵他也只能是光杆司令。此其一也。好兵还得好将带，或者说如果没有杰出的领导，也很难带出优秀的士兵，正所谓"兵熊熊一个，将熊熊一窝"说的就是这个道理。此其二也。有了好兵，有了好将，但是没有一个好的组织也不行。正所谓"无规矩不成方圆"，一个好的组织就代表着一个好的规矩，有了好的规矩就可以画好方与圆。此其三也。这是一个朴素的道理，好懂，想做也不难。

（3）希望员工优秀就要为他们设定可以优秀的目标，这个目标可能会很高，但是目标实现以后员工们能够得到的收益要丰厚。成功是什么，成功就是不断地挑战自我的过程，举手就能完成的任务一般不会给人带来成就感。但是设定很高的标准并不等于让员工"孤军作战"，目标本身也不是"天方夜谭"。此外，为了员工能够顺利地完成任务，公司还要提供有组织的支持，还要营造人人奋勇，个个争先，相互帮助，共同成功的公司发展环境。关于这一点，正如 JP 摩根大通所云，"公司已经建立了很高要求的发展标准，在我们的领导与管理委员会的带领下，我们将会努力建构一个可以让所有的人都能保持诚实、感觉公平和愿意承担责任的工作环境"。

（4）员工的管理必须是一个系统性的工作，再杰出的员工如果放任其发展，最终也有可能会给公司带来伤害，或者会出现"拿出一个都是英雄，组合在一起全是狗熊"的不利于企业整体发展的现象。为此，JP 摩根大通的做法是，"我们将持续评价和分析我们员工的绩效表现、领导力结构和治理模式，以确保它们可以反映和支持我们一向坚持的企业发展标准，并且能够保持我们今天和明天为顾客、股东和社区努力服务的良好定位"。

4.4.1　全生命周期重视和管理员工的员工理念

前面我们说过，我们最看重的 JP 摩根大通的员工理念就是他们的"全生命周期"员工管理和支持体系。关于这个理念我们首先看一下 JP 摩根大通自己的认识：

"员工就是我们的生活，是我们文化呼吸的体现。因此，我们寻求用我们的企业标准去管理员工生命周期的每一个阶段，如招聘、入职、职业发展和培训、绩效评估、薪酬和晋升。

"在过去的几年中，我们在公司内部特别关注招聘和各级培训，不断加强我们的努力以发展我们未来的领导人，制订接班人计划使公司可以继续按照我们的标准和原则进行长远的经营，实行绩效管理和加强薪酬管理的做法以更好地调整和强化我们以正确的方式做生意的承诺。"

分析 JP 摩根大通的这个认识，结合前面我们得出的四点启发，于此再强调两个方面的事情。

（1）不要把"全生命周期"员工管理和支持体系"莫测高深"化，它事实上就是在人力资源管理的每一个细节上都注重员工的需求，并真心为员工提供帮助。如果一个企业能够在人力资源管理的每一个细节上都注重员工的需求，并真心为员工提供帮助的话，那么这个企业事实上就已经建立起了"全生命周期"的员工管理和支持体系。

（2）JP 摩根大通为了建立"全生命周期"员工管理和支持体系所采取的具体措施也是系统的，它的内容包括招聘、培训、绩效管理和晋升、薪酬体系和继承规划五大领域，它的目标就是我们前面所说的，"从他入职到他退休都已经被做了系统和理想的安排以后，他就不可能再去想要离开企业的事情"。不仅他不会再想离开企业的事情，而且他还会想如何为了企业更好的发展而尽自己一分力的事情。因为他知道，企业就是他的家，就是他安身立命的地方，只有企业好了，他才能好。

4.4.2　招聘

关于招聘可以研究的地方实在是太多了，那不是我们这本书要完成的任务，在这里我们只是把它作为"全生命周期"员工管理和支持体系的一个开端进行介绍，顺便再强调一下把好员工入口关的重要。此外，我们还会介绍一下 JP 摩根大通在这项工作上是如何想的和如何做的，其中不乏一些真知灼见和可以借鉴的内容。

JP 摩根大通在招聘工作上的想法和做法如下：

"基于全球业务发展的需要，每年我们会招聘成千名员工，我们培训他们去理解我们的文化、产品、管理规定、服务和顾客，同时还让他们知道他们应该把自己的工作做好。对一个企业而言，招聘到高质量的员工对于未来的发展至关重要。另外，在公司各个层次上建立多样化的团队也是非常重要的。"为了这个目标，JP 摩根大通已经设计了多样性管理的蓝皮书，以鼓励各层级的管理者在他们的工作当中优先考虑多样性的问题，扩展他们招聘、吸引优秀的人才的资源，为支持员工而建构更加包容的工作环境，培育一个可以尊敬多样性发展的企业氛围。JP 摩根大通的招聘工作遵守以下几个原则，这些原则与其商业原则匹配，它们可以帮助保持统一的高水平的标准以作出员工吸纳的决定。这些原则是：①从公司内部和外部共同探索多种来源的人才；②注重在公司的各个层次上吸纳有才华的人和多样性的员工，他们深刻地理解公司的文化和价值观；③一如既往地进行严格的评估以把合适的人放在合适的岗位上。

"鉴于我们的业务范围和地理上的多样性，我们坚持使用客观标准进行评价，并保持在所有地区的一致性。因为我们相信，招聘过程是培养一个健全的企业文化的第一步。"

4.4.3　培训

关于培训工作的重要，前面几家公司都已经进行了强调，而且还制定了很多具体的方案。下面我们再看一下 JP 摩根大通在这项工作上是如何想的和如何做的，其想法体现在下述第一条和第二条当中，这也代表着我们对这个事情的看法；公司的做法实在是太丰富了，而且与其员工管理理念一样，把培训工作既分了层次，而且于每一个层次当中又安排了众多的内容，并提出了很多具体和详细的目标，具有很高的借鉴价值；事实上，我们最欣赏的还是他们对待培训的态度和终极目标，那就是"通过各种各样的管理培训项目，我们的目标是建构一个强大的企业文化，在这个企业文化的指导下我们会永远以第一流的方式做正确的事情以追求第一流的业务发展"。

以下就是 JP 摩根大通在培训员工方面的想法和做法：

（1）一旦员工加入公司，公司就有责任帮助他们获得知识、技能和经验。

（2）对于员工广泛地进行培训不仅可以增加员工的满意度，而且还非常有助于帮助他们更好地为客户服务从而可以更加顺利地实现企业的目标。

（3）公司每年在常规培训项目上的投入多达 30 亿美元。这些培训项目包罗万象，有初级入门者培训，有管理者培训，有领导能力培训，有终端服务培训，有业务培训，还有地理知识培训，等等。

其中最重要的培训应该是初级入门者培训，JP 摩根大通会花费大量的时间教会这些员工如何去从事公司的业务，如何成为所在岗位上的技术专家。JP 摩根大通去年为此采取的措施包括：公司和投资银行聘请并培训了超过 500 名全职分析师和员工，超过 800 名夏季分析师和员工；公司的技术、业务、财务和人力资源的开发计划雇用和培训了超过 700 名全职分析师；资产管理聘请和培训了超过 650 名分析师、员工和夏季分析师；商业银行招聘和培训了 180 名全职和夏季分析师；消费和社区银行聘请和培训了 160 多名全职和夏季的分析师和员工。

此外，领导力的培训也很重要，JP 摩根大通需要发展一个有责任感的、有才华的和信守承诺的领导者队伍，让他们负责管理各个方面的工作。在组织的高层，公司致力于通过膨胀式的培训和发展计划，制定一个合格的领导管道，借助严格的人才评估过程全面评估人才的能力，让他们执行实际的发展计划，并经常进行高管轮换，以让他们为承担更大的责任做好准备。

为了培养高水平的管理者和领导者，让他们胜任自己的角色并承担自己的义务，JP 摩根大通设计了众多的培训计划，这包括：

（1）"首席执行官训练营"要训练高级领导人在面对内部的挑战和外部的压力时，如何以一个首席执行官或大的业务单元领导的身份去看待和解决问题。

（2）"JP 摩根大通领导人计划"是另一个高级领袖计划，旨在实现一定的领导力目标，包括从业务的各个方面去规划战略，从公司决策的视角去训练能力。

（3）"领导跨越的专营权"是培训下一级别领导人的计划，这个计划仿照"JP

摩根大通领导人计划"进行。

（4）"训练四万个经理"是一个全球性的努力，它用来发展和培养四万多名经理人。

JP摩根大通从世界各地汇集的领导能力和发展执行力把他们的最佳实践带到了一起，这样可以基于其商业原则和领导的能力发展一个最先进的培训程序。

4.4.4　绩效管理和晋升

绩效管理是一个大话题，我们曾经在《企业文化与绩效管理及其互动影响研究》那本书当中用了一半的篇幅十多万字去探讨它的具体内容。在这里我们要看一下JP摩根大通的想法和做法。

常规的反馈对于员工的成功是非常必要的，JP摩根大通在绩效管理方面的原则包括：①评估哪些员工取得了怎样的成就以及这些员工是如何实现它们的，这种评估包括定量（结果）和定性（行为）绩效指标；②直接和有用的反馈；③明确的期望；④风险和控制的考虑。

JP摩根大通的年度绩效评估过程努力采用一个广泛的和可以平衡员工绩效的观点，为此它在以下四个关键领域评价它的员工，那就是人员管理和领导能力、风险和控制、顾客导向和业务表现。

JP摩根大通的评估过程看重历史，注重信息来源的多样化，同步重视同事、下级员工的反馈，以及风险和控制的效果，等等。JP摩根大通加强我们的行为和控制文化与共同的期望和评估工具。对于高级员工JP摩根大通有一个标准，它以360度的调查工具来收集同僚和下属的反馈。在这项调查当中的第一个问题就是询问员工是否体现了道德和诚信的最高标准，这个信息是非常重要的一个输入，它关系到员工对于管理者的全面评价。

JP摩根大通也认识到在一个绩效考核过程当中，鼓励高级管理人员承担事关风险和控制问题的责任、所有权和义务的重要性。JP摩根大通加强了预期驱动材料的审查过程，以及整个组织标准清单和风险控制一致的评价。此外，JP摩根大通征求最重要风险承担者有关风险和控制的直接反馈信息。

一个潜在的晋升评估包括审查范围、职责、绩效和其他与角色相关的关键领导属性。晋升基于两个方面的因素，一个是超过一定时间的个人的强大性能，另一个是可以满足业务发展或功能需求的技能。对风险和控制的考虑是公司研究个人晋升过程当中的一个重要组成部分。此外，对于更高水平的晋升，公司已经实施了一个增强的审查过程，审查的内容包括历史背景和历史绩效。

公司不能容忍员工的不当行为。绩效评估显示或有其他情况表明一个人是不符合预期的，或其行为违背了企业标准，公司将采取一系列的措施包括改变他的工作责任，增加额外的培训，进一步正式评审或给予纪律处分，等等，这其中当然也包括终止其不当行为。

绩效评估、晋升审查和补偿法共同强化可以反映 JP 摩根大通业务原则的行为。

4.4.5　薪酬体系

薪酬体系是吸引和留住具有完整性的顶级人才的关键工具，它是一个敏感的话题，在一个企业当中没有人不关心这个问题。

下面我们看一下 JP 摩根大通在薪酬体系设计上的想法和做法，首先要看的是它在薪酬体系设计上的指导思想，一共注重了五个方面的基础，"我们的薪酬体系的主要基础是强大的管理，集中于绩效，平衡于股东，同步于市场的反应和符合一个长期的定位"。

其次，我们看一下，为了更好地管理薪酬体系，公司董事会通过的几条原则：①独立董事会监督公司的薪酬做法和原则及其实施，应该确保适当的治理和监管的合规性。②竞争和合理的薪酬有助于吸引和留住最有必要的人才来发展和维持我们的业务。③强调团队合作和"共享成功"的文化应该受到鼓励和奖励。④关注多年的、长期的、风险调整后的绩效和奖励的行为，通过它们的商业循环可以为公司产生持续的价值，而这也意味着薪酬体系不应过于僵硬、公式化或短期导向。⑤重要的股票组成（延期行权）应该建立在同步重视公司的所有权、股东平衡和留住高端人才三个方面协同的基础之上。⑥有纪律的风险管理、补偿恢复和偿还政策应该足够强大，以防止过度的风险承担，并在作出赔偿相关的决定时取得平衡。⑦严格限制和禁止消除执行特权的使用，如专门执行退休福利和特殊的离职计划，等等。

再次，我们看一下公司在薪酬体系管理方面特别强调的两个方面，这两个方面的内容是：①公司在一个"针对绩效支付"的框架下运营薪酬体系；②公司关心的不仅是什么结果，而且还有他们是如何实现这些结果的，这使公司可以同步奖励行动和成果。

最后，我们要看一下为了实现一个平衡的和全面的目标，JP 摩根大通在薪酬体系管理方面所采用的诸多具体做法，它们包括：①风险支付；②持续绩效工资；③基于风险事件的影响；④强烈的股权指引和持股要求；⑤强回补政策；⑥套期保值/质押政策；⑦竞争标杆；⑧股东外展；⑨评估集中补偿池；⑩扩大股权保留/所有权指引；⑪加强信息披露。

4.4.6　继任规划

杰出公司最为杰出的地方就在于它们能够为世代的交替准备好继承人，这也是它们能够做成百家老店和千年老企的一个重要条件。JP 摩根大通在这个方面堪称楷模，这同时也是它能够成功发展两百年而依然屹立不倒的一个主要原因和重要基础。希望我们众多发展得很成功的民营企业向 JP 摩根大通学习这个方面的经验，这是我们突破百年发展大关的一个重要保证。

下面我们就看一下 JP 摩根大通在这个方面是如何想的和如何做的：

"为了长期保持我们的企业标准和强大的财务业绩，我们需要建立一个管道可以网罗卓越的人才并且不时从外部增加员工，这样才能够为我们的经营委员会，包括首席执行官的职位，以及在经营委员会以下的高级职位持续提供胜任的人才和人选。

"建构我们的纪律与方法来管理发展，要定期审查候选人以评估他们目前是否准备好了可以开始发挥一个新的作用，同时还要发现未来潜在的继任者。类似的继任计划过程集中在每个业务和职能公司现在和未来的领导人身上。

"我们的独立董事要深度参与继任计划，继任规划须每年至少由独立董事与首席执行官深入地讨论一次。我们的首席独立董事领导整个董事会的董事和首席执行官继承人的选择工作。"

4.5　波音公司道德与合规的员工理念

波音公司的主要员工理念就是"道德"与"合规"，这样的员工理念与我们前面所见到的几家公司的员工理念都有所不同，而且与我们平常所关注的如何激励员工和如何管理员工的思想与方法也大相径庭。为什么会这样呢，原因有很多，而其中最为重要的原因还在于它们所处行业的要求，以及企业所受到的发展传统的影响。

4.5.1　波音公司道德与合规员工理念的具体内容

波音公司相信领导能力、开放性、责任性和包容性既可以推动一个强大的绩效，也可以催生一个强大的和有效的道德与合规计划。确保波音价值观仍然是其工作的基础，它反映了每一个戴着波音徽章的员工的日常承诺。该消息由主席每年为每一位员工提供的录像带进行传播，也由众多的高级领导人参加的外部论坛进行传递。

在每个员工都负责维护行为准则并遵守所有适用的法律、法规和公司政策的同时，波音公司还会推进其统一的方法以整合四个关键的职能，那就是道德和商业行为、全球贸易管制、企业审计和合规风险的管理。

这种集成的集团为波音公司创造了一个可持续的优势，使它能够符合公司的绩效同时建设其遗产的完整性。

有近 500 人的专业团队专注于做好以下几个方面的工作：①推进公开、负责任和透明的文化；②独立、客观地评估过程和控制；③通过强大的整合和合作确保波音公司的统一；④应用专业知识、业务能力和功能强大的学科；⑤教育和培训波音公司的员工。

加强领导问题是一个全公司的倡议，它强调建立一个开放的和问责的文化，从而可以维持道德和合规的工作环境并提高经营绩效。其目的是将道德决策嵌入到业务的各个方面，并为管理人员和员工配备相关的工具以自信地解决与伦理有关的事项，并提出问题而不担心遭到报复。

公司的伦理小组提供了一系列的工具和资源来帮助管理者和员工讨论道德问题和定期实践伦理决策能力。这些工具和资源包括：①基于实际事件的工作场所案例研究；②推动开放性的员工会议材料，建立信任和个人责任感，鼓励发言而不担心遭受报复；③提供另外题目帮助员工应对正常经营的道德压力，如劳动力转移、成本或进度制约因素；④其他材料如"工程师：优秀的设计"是为了庆祝和鼓励工程的兴趣而设计的，并成为展示公司、产品、文化和人民作为一个完整性的一个固有的部分。

4.5.2　对于波音公司员工理念的解读

我们分析波音公司这一独特的员工理念发现，它事实上包含着诸多的内容，所以我们必须基于"道德"与"合规"这两个词语去理解它们，同时又必须跳出这两个词语所设定的框架去解读它们。只有这样，我们才能明白它们这样说和这样做的用意所在。

第一，所说的"道德"与"合规"有一个发展的基础，这个基础也可以看作是对于员工提出要求的前提。有了这样的前提以后，企业才能真正要求员工做到"道德"与"合规"的标准。这个基础就是，"在波音公司，我们相信领导能力、开放性、责任性和包容性既可以推动一个强大的绩效，也可以催生一个强大的和有效的道德与合规计划"。

第二，这个"道德"与"合规"的理念同时也是一个具体的要求。它要求每个员工都能负责任地维护公司的行为准则并遵守所有适用的法律、法规和公司政策。从这个意义上理解，它已经不只是伦理层面上的要求，而且还是法律和政策基础之上的规定，不仅具有指导意义，而且还具有刚性的约束力。

第三，波音公司还把这种对于"道德"与"合规"的要求与具体的企业管理职能进行了对接。"波音公司还会推进其统一的方法以整合四个关键的职能"，这四个职能就是"道德和商业行为"、"全球贸易管制"、"企业审计"和"合规风险的管理"。这些内容既可以看作是对于员工管理的升华，也可以看作是超越员工管理的更高级别的管理要求，但是其直接的约束对象还是企业的全体员工，尤其是企业的高级别员工。

第四，我们看一下波音公司在这个工作上的具体安排。它有近 500 人的专业团队专注于做这项工作，其工作的内容既全面又细致，包括了五个方面的内容，我们于此再重复一下：①推进公开、负责任和透明的文化；②独立、客观地评估过程和控制；③通过强大的整合和合作确保波音公司的统一；④应用专业知识、业务能力和功能强大的学科；⑤教育和培训波音公司的员工。

除了这些具体的措施以外，波音公司还非常看重加强对于这个工作的领导，"领导问题是一个全公司的倡议，它强调建立一个开放的和问责的文化，从而可以维持道德和合规的工作环境并提高经营绩效"。而其目的是将道德决策嵌入到业务的各个方面，并为管理人员和员工配备相关的工具以自信地解决与伦理有关的事项，并提出问题而不担心遭到报复。

第五，我们再看一下这家公司的伦理小组所做的工作，这些工作似乎不在我们很多企业家平常进行企业管理时需要考虑的范围。如果我们的企业家们平常也考虑这样的问题，那么那家企业的企业文化工作一定会做得非常优秀。

4.6　花旗集团的员工管理

与前面几家公司不同，我们在这里要重点介绍的不是花旗集团的员工理念，而是公司的员工管理措施及其发展特色，而员工理念就融合在这些具体措施当中。

4.6.1　建立和运行员工发展网络

花旗集团员工管理的第一大特色就是建立了花旗集团的员工发展网络。这是一个全球性的网络组织，它的存在可以进一步推动多样性的发展而且可以更好地实现花旗集团的战略目标。它鼓励包容性和开放性，可以为员工的发展提供机会，可以为花旗集团所在的社区提供帮助。

正如前面我们所说，在花旗集团的多样性战略当中，它会充分考虑不同国家和地区的多样性。

下面我们就深入地看一下花旗集团的这个员工发展网络都包括哪些方面的具体内容，以及指导这些工作内容的思想有哪些。

（1）花旗集团是顾客的忠实伙伴，而这种关系的建立和维护都要依靠员工来完成和实现。花旗集团的工作可以被拥有多样性思想、观点和经验的员工完美地实施。

（2）花旗集团重视吸引和留住有才华的人和多样性的员工，致力于挖掘他们的潜力并对他们的成功给予奖励，建构可以让他们自由发挥和为所在社区奉献的环境。

（3）花旗集团采取的一切方法都植根于其所做的一切及其将继续努力提高的部分。花旗集团严肃地看待这些责任并深切地认知自己的成功源于员工们的成功，是那些有才华和敬业的员工建构了花旗集团在全世界的发展基础。

（4）在世界经济危机的冲击下吸纳有技能和经验丰富的员工是一种挑战，在金融组织恢复它们的声誉过程当中找到有才华的人加入并不容易，现在的人才在挑选企业的时候不仅要看它的专业发展机会，而且要看它是否能够担起社会的责任，成为良好的企业公民。知难而进是一个优秀的企业必然之举，为了吸引多样性的和全球化的高层次人才，花旗集团提供广泛的发展机会，致力于为社区服务，并建立一个更加包容的合作的文化。

在 2014 年，有超过 14 000 名员工于 20 个国家加入了花旗集团的 107 个组织，96% 的新进员工得到了相关的培训，有超过 15 000 名员工于 55 个国家获得了灵活的工作安排，有超过 70 000 名员工、家庭和朋友于 479 个城市和 93 个国家参加了花旗集团的 2014 年全球社区一日活动。

4.6.2　建构 21 世纪多样性发展平台

花旗集团员工管理的第二大举措就是要建构一个 21 世纪多样性发展平台。为此，花旗集团和许多合作伙伴组织和学术机构建立了广泛的联系，由它们帮助招聘多样性有才华的和建立在平等发展机会基础之上的员工。

"在 2014 年，我们启动了北美的花旗集团包容性招聘计划，建构了我们的招聘体系并且提升了我们的招聘能力。我们培训了 250 个招聘人员，让他们知道关于如何建立有意识的影响和无意识的看法，同时我们还为他们配备了一个工具包，建立了内部的支持网站，并组织了一个专门的退伍军人招聘团队。"

除此之外的做法还有："我们扩展了人才招聘池，让它对女性和少数族群开发，并且帮助他们与我们的公司一起进一步提升他们的职业发展水平。我们在这一年里还把很多的女性和多样化的候选人提升到更高的职位上。花旗集团的女性领导人占比已经由 2013 年的 22% 提升到 23.3%。在美国本土，我们的少数族群领导人占比由 2013 年的 23.8% 上升到 2014 年的 24.5%。"

此外，为了解决在一些国家存在的无意识偏见，花旗集团还面临着一个挑战，那就是既要尊重当地的习俗，也要植入花旗集团作为一家公司的价值观和做法。"我们的方法是与我们的当地团队紧密合作,以促进我们的多样性和包容性的方案。"

4.6.3　发展和奖励人才

今天的企业需要熟练的、适应性强的工人和员工,他们有助于在一个充满竞争的全球市场当中推动企业的成功。为了支持公司的经营战略,花旗集团在员工的学习和发展方面进行了大量的投资。

这包括如下几个方面。

1. 为全球的分支机构培训员工

培训的方法包括在职经验交流、管理者反馈和物理或虚拟课堂教学。在 2014年,花旗集团投入了 2.3 亿美元的资金用于支持培训发展计划,提供了更多的机会和新的网上虚拟教室学习等渠道,并且大规模开放在线课程。为了帮助员工挖掘他们的潜力,花旗集团为包括高级管理人员在内的所有员工举行年终绩效考核。

2. 发展花旗领导者

在 2014 年,花旗集团实施了领导培训计划,培训了超过 9180 名管理人员,他们是公司现在和未来的领导人。新的计划还包括一个基于顾客导向改变管理能力的高层领导者培训,以及一个为高级管理人员设置的独立领导人培训项目。此外,它还举行了花旗论坛,由公司的首席执行官、其他高级领导人和外部专家为4386 名董事总经理和董事授课,以提升他们的能力,从而可以促进花旗集团在重点区域的业务发展。

3. 花旗女性员工发展计划

目前,花旗集团有 52%的员工是女性,它和花旗集团客户群体中女性所占比例相当。认识到这一点以后,花旗集团为女性员工、女性顾客、女性客户提供了全面的支持。自 2008 年以来,已经有 761 名女性员工参加了公司广阔的晋升计划。

4.6.4　建构包容性的文化和环境

花旗集团的多样性是一个自下而上的以及自上而下的承诺。越来越多的员工参与自我组织和自我主导的群体,这些群体基于兴趣与身份而成立,不考虑任何的背景和取向。

4.6.5　重视员工的健康和财富

提升员工的健康和财富水平不仅是一个良好企业公民的责任,而且它还会促进公司的业务发展。为此，花旗集团和花旗基金会创造了一个很好的工作，同时也创造了一种服务的文化。研究表明，有效的员工志愿者计划不仅可以提升员工的士气和生产力，而且还可以授权员工解决问题，并在他们工作和生活的社区创造真正的影响。

4.7　富国银行的员工理念

我们在这里要介绍的是取自富国银行的企业文化手册上其公司总裁的一些讲话。这些讲话包含着众多的员工管理理念，我们把它分成两个层次进行介绍。

4.7.1　员工总体理念

富国银行在员工管理方面的总体理念包括这样一些内容：

"我们赞同和支持把我们的员工视为公司的竞争优势。我们努力吸引、发展、保留和激励最有才华和最有爱心的团队成员在一起工作，在所有的业务和功能当中都把他们视为合作伙伴。

"我们想说，我们基于态度聘请你然后会帮助你培训你的能力。我们为所有团队成员在他们的工作中取得成功提供所需要的工具和培训，我们希望他们对自己的业务和功能负责。

"我们期望我们的团队成员都是最好的，我们会感谢他们的出色表现。

"我们称呼他们是'团队成员'而不是'员工'，因为他们是我们投资的资源，而不是管理费用，而且团队合作对我们帮助客户成功是必不可少的。我们的文化是一个复数代词，是'我们'和'我们的'；而不是'我'和'我的'。球队的明星是球队，我们通过打'我们'的球而取胜。"

富国银行的这些理念通俗易懂，从中我们可以得到很多启发，而下面这几点尤为重要。

第一，把员工视为竞争优势是我们第一要吸取的员工管理思想，关于这一点我们在前面已经反复强调。此外，与JP摩根大通相近的是，富国银行也强调全过程管理员工，只不过它使用的词语不是管理，而是吸引、发展、保留和激励。这样的词语永远比管理有力量。

第二，帮助员工成功，为所有团队成员在他们的工作中取得成功提供所需要的工具和培训，而且更重要的是要教会他们应该如何承担责任。如果是这样，员工们成功了，则企业也就成功了。

第三，对于有着优秀表现的员工要给予奖励和认可，而且还要全面地进行宣传。要记住员工为企业所做的一切，而且还要让员工及他们的同伴们都知道，企业已经知道了，而且还不会忘记他们所做的一切。

第四，员工是资源而不是成本；所有的员工都是企业组织这个大团队的成员之一；团队合作不仅有利于个人的成功，也有利于组织的成长；不仅要让企业领导者们明白以上道理，而且还要让员工也一样明白。

第五，我们要学习其复数文化，要强调企业组织"我们"的概念而不是"我"的概念。学习它的"我们通过打我们的球而取胜"的管理理念。

4.7.2 具体的员工理念体系

富国银行在员工管理方面除了有总体理念上的设计以外，还概括了很多具体的员工理念，我们梳理一下有以下这样一些内容。

（1）富国银行相信，它所有团队当中的每一个人都是重要的，都是值得尊重的，它知道他们是谁，他们也知道应该如何一起努力以有助于公司的工作。产品和技术不能实现一个品牌背后的承诺，而人可以做到这一点，正是那些比富国银行的竞争对手更有才华的、更有激情的和充满能量的员工和人才可以做得到这一切。这一条可以看作是对前面"员工就是企业的竞争优势"的具体解读和深入分析。

（2）当团队成员处于正确的工作状态，在正确的事情上花费时间，为了自己能够作出贡献而感觉良好，可以充分利用自己的技能且能够学习新的知识，感觉领导者领导得好并有乐趣的时候，他们就会为客户做正确的事情。当他们得到适当的支持、奖励和鼓励时，他们甚至更满意自己的工作，可以为客户提供更好的服务。这样的状态可以产生快乐，可以让员工更加忠诚，也会培育终身的客户，如此就能为公司带来更多的收入、更大的利润和更高的股票价格。

（3）富国集团希望成为一个受人喜欢的雇主，一个真正关心人的公司。在这里，团队合作受到重视和奖励，在这里，工作是如何完成的和正在完成工作同样重要。这是一个注重人与人之间关系的公司，它所看重的关系不只是与客户的关系，还有团队成员之间更强的关系。

（4）富国集团要创造这样一种环境，身处其中可以让团队成员感觉到自己的存在，有价值和在工作过程当中能够一直得到支持和启发，他们可以在这里获得共同向前努力的能量，这种能量有益于其他的人、公司的客户、工作的社区和公司股东。

（5）富国集团会定期调查团队成员以确定公司是否做得好并测量他们的参与水平。通过这些调查结果，公司的管理人员与他们的团队合作可以制订具体的行动计划。

（6）在一个这样规模的公司，工作总是在改变、消失或被添加，如此才可以满足客户的需求。一家公司有责任对其股东和其客户负责以消除重复的工作，并尽可能有效地运作同时还要提供优秀的客户服务。这并不意味着公司必须失去好的人和他们的经验、忠诚和承诺。新的就业机会几乎每天都在富国银行的某个地方被创造，它希望已经被当前工作淘汰的团队成员可以在公司的其他地方找到职位。

（7）团队成员是最重要的组成部分，因为他们可以对公司的客户产生最重要的影响。公司希望团队成员也能够成为其客户。人们自然渴望超越自己的一个更大的目的，他们想相信他们的公司和它能做的好事。

（8）公司希望每一个团队成员都能说："我选择了正确的公司；在这里我很受重视；我得到了应有的回报；我被大家所认可；我们一起努力工作而且从中得到了乐趣；在这里我可以提高我的专业技能，并达到我的职业目标；我很喜欢也很享受我在这里的工作。"

第5章 企业文化之其他理念

在我们所研究的美国十大杰出公司，即埃克森美孚石油公司、雪佛龙公司、威瑞森电信公司、JP摩根大通、波音公司、美国银行、马拉松原油公司、花旗集团、富国银行和宝洁公司的企业文化体系当中，除了前面分析过的"企业精神文化前四个要素"、"精神文化后两个要素与亚文化"、"多样性理念"和"员工理念"以外，还有一些理念和思想也为这些企业所重视，同时它们对于中国企业的企业文化与企业管理工作也一样有着重要的参考价值。

但是与前面几章内容不同的是，这里我们要研究的其他企业文化理念不是同时存在于所有的企业当中的，而且有的理念还只是被一两个企业所强调，但这并不代表它们不重要。基于这种情况，我们不把它们单独成章分析，而是要把这些分散存在于各家企业的理念整合到一起集中进行研究。此外，可以适用于不同公司的企业理念实在是太多和太分散，所以我们从中挑选了我们认为是重要的，同时也是具有一定的普遍指导意义的四个理念，它们分别是"企业战略发展理念"、"创新发展理念"、"统一理念"和"文化优先理念"。

针对企业战略发展的理念，我们介绍两家公司的思想，这两家公司分别是雪佛龙公司和富国银行。针对创新发展理念，我们介绍四家公司的思想和做法，这四家公司分别是埃克森美孚石油公司、雪佛龙公司、JP摩根大通和花旗集团。针对统一理念和文化优先理念，我们只介绍一家公司的思想，这家公司就是富国银行。事实上，经过研究我们发现，在本书所分析的十家杰出公司当中，正是富国银行这家公司的企业文化体系最为完善，其企业文化管理的内容也最为丰富，而且这家公司也最为年轻，与那些有着一百年或两百年发展经历的公司比，富国银行几十年的发展历史让它看上去就像是个小弟弟。但正是凭借公司对于企业文化的重视，以及对于企业文化管理工作的投入，这个小弟弟后发制人，迅速成长，快速进步，经过短短几十年的发展就从一个地方性的公司跻身世界100强大公司的名单。其成功管理企业的经验和运用企业文化管理企业的成功既可以给予我们很大的启示，而且还可以给予我们很多具体的指导。

5.1 企业战略发展理念

在我们所研究的十家大公司当中，有两家公司明确地把它们的企业战略写入了企业文化，而且它们所说的企业战略与我们平常理解的企业战略不是完全相同的概念。我们平常所说的企业战略以及所做的企业战略规划，或者设定的战略目标往往都是以数字为基础的，其着眼立意在于将来。而这些公司的企业战略其重点却不在于描述一个远景目标或者长期规划，而是要强调某些具有可持续指导意义的战略性的发展理念，这就使它们如此类别的企业战略描述具有了企业文化的特质，是故我们可以将它们称作"企业战略发展理念"。

我们要分析的两家公司分别是雪佛龙公司和富国银行。其中，雪佛龙公司的企业战略被分成了两个层次，在公司层次上的战略设计非常注重理念的描述，在主要业务单元层次上的战略特别强调具体目标，这是我们所一直主张的战略设计方式。富国银行的企业战略被非常明确地写入了公司的企业文化手册，而且除了理念的设定以外，它还另外明确了公司的战略发展重点、企业发展的优先战略事项和企业未来的战略发展走向等，其内容相当丰富。

5.1.1　雪佛龙公司的企业战略发展理念及其解读

雪佛龙公司的企业战略分为两个层次，一个层次是公司级别的战略，另外一个层次是主要业务单元的战略。

在第一个层次的战略当中，又包括三个方面的内容，它们分别是：①投资于员工。"投资于我们的员工可以加强组织的能力，可以建构全球性的人才发展平台，可以帮助人们用正确的方式去做正确的事情。"②高效率地执行。"借助我们严格的操作与管理系统，以及遵守我们制定的纪律与规定，可以确保企业组织的各项工作都能够得到高效率的执行。"③有力地成长。"通过利用我们的竞争优势以创造最大化的价值并且随时捕捉全新的发展机遇，可以帮助我们有力、有利地成长。"

分析这三个方面的内容可以看出以下几点，它们都是雪佛龙公司企业战略管理与企业战略发展理念的特色。

第一，雪佛龙公司对于员工的重视已经上升到企业战略的高度，而且是被视为企业第一战略理念，这在企业界事实上是不多见的。也就是说，重视员工力量的企业有很多，但是将员工管理工作抬升至企业最高战略的企业却并不多，所以这既可以看作是雪佛龙公司员工管理的特点，也可以看作是雪佛龙公司企业战略的特色。为了更好地理解它们在这个方面的思想和做法，我们可以对照一下它们公司的员工发展理念，那就是："在雪佛龙公司，我们依靠强大的人力资源的力量去帮助我们寻找更新的资源，以更好的和更清洁的方式为世界提供能源。因此，我们承诺为我们的员工和合作者提供安全和健康的保护。同时，我们对人力资源进行投资，以加强我们组织的力量，并发展我们的全球员工，让他们用正确的方式去做正确的事情。最后，我们尊重所有员工以及我们工作于其中的社区成员的权利。"关于雪佛龙公司的员工理念与员工管理我们将在下一章进行专门解读。

第二，雪佛龙公司将高效率的执行视为企业第二重要的战略，这在企业界也是不多见的。在我们的常规性理解当中，战略与执行是两个相对而言的概念，虽然它们之间有着密切的关联，但战略就是战略，执行就是执行，它们是两个分开的工作，前者很"高大上"，后者很"贴地皮"，不可混为一谈。但是雪佛龙公司却反其道而行之，将高效率的执行直接视为企业重要的战略内容，这就十分明确而且是力度十足地表明了公司对于执行的重视。除此之外，在其企业战略发展理念当中，雪佛龙公司还将如何执行也列入其中，"借助我们严格的操作与管理系统，以及遵守我们制定的纪律与规定，可以确保企业组织的各项工作都能够得到高效率的执行"。概括雪佛龙公司的这一举措我们又可以得出两个结论：①企业管理本无常规；②企业管理的各个领域都可以创新。

第三，雪佛龙公司把有力地成长列为企业战略的第三重点，这使它们的战略发展理念又回归到战略管理的原初设定。依照我们的理解，一个企业的战略管理路径应该是：创造企业的竞争优势，发挥企业的竞争优势去创造价值，不断寻找可以突破自我的机会，实现企业可以持续性的发展。在这第三条战略当中，雪佛龙公司还提出了一个"力"与"利"的标准，这是我们在多年以前写作《战略评价》一书时曾经建构过的一个评价战略发展是否成功的标准，不想在这里得到了雪佛龙公司的验证。在那本书当中我们以为，"有利"是一个前提，"有力"是一个保障，只图有利而无力则利不可图，只是有力而不知力之所使而利也不可图，只有两者皆备，既有力可使，又有利可图，而且是有长力可用，有长利可得，那才是一个企业战略发展应该追求的理想境界。

在第二个层次的战略当中，雪佛龙公司又将之分成五个方面的内容，这些内容非常具体，可以用来指导公司在所属行业当中具体要开展和将要开展的工作。①上游：在核心区的盈利增长和建立新的传承位置。②下游和化学品：提供有竞争力的回报，并在价值链上提高收益。③中游和发展：应用商业和卓越能力使上游、下游和化工领域都取得成功。④可再生能源和能源效率：投资于有利可图的可再生能源并提出能源效率的解决方案。⑤技术：通过技术来区分性能。

5.1.2 富国银行的企业战略发展理念及其解读

富国银行是这样描述它们的企业战略发展理念的：

"只有一个愿景是不够的，我们需要一个战略来实现这个愿景，需要一个商业模式可以确保我们能够在任何经济环境下都能够成功。

"此外，我们还要特别强调执行。事实上，执行是最重要的，一个能够得到高效执行的好战略在任何时候都会打败得不到有效执行的伟大战略。

"对于顾客不变的重视是我们战略的基础，即便行业快速发展和竞争形势迅速变化，有了清晰的战略一样可以指导我们持续迎接这些挑战，为我们的顾客做正确的事情。

"我们的战略驱动我们的选择，可以确保我们的努力不会付诸东流，并打造与竞争对手不同的差异性，最终为我们的团队成员、顾客、社区和战略合作伙伴建构永久的价值观。

"我们的多元化经营模式给我们提供了实力并确保了稳定，它使我们可以向客户和社区保证，我们将在这里为他们和未来几代人持续地进行服务。

"以我们的愿景和价值观作为锚，我们战略的核心支柱专注于深化客户关系，同时为他们在任何时间、任何地方都会提供服务，并通过每一次的互动不断地加强彼此之间的信任。"

分析富国银行的这个企业战略发展理念可知以下几点。

第一，这个企业战略发展理念强调了战略的重要性，并且说明了企业战略与企业愿景的关系。关于企业战略之于企业的重要性我们曾经在《企业一体化管理系统》那本书当中做过研究，并且得出过这样的结论：战略是方向，是旗帜，是路径，是蓝图，是愿景，是重大的、具有全局性、系统性和前瞻性的谋划，没有战略的企业永远不可能走得太远，也不会发展得太成功。所以说，判断一个企业成熟与否的最重要的一个标准，也是现代企业经营管理的最核心问题，这就是战略管理的问题。"战略兴则百事兴"，无战略则企业不可能有大发展。对此，美国管理学大师德鲁克说，"明天总会到来，又总会与今天不同。如果不着手于未来，研究制定战略，最强有力的公司也会遇到麻烦"。华为集团的任正非说，"一个民族需要汲取世界性的精髓才能繁荣昌盛，一个企业需要有世界性的战略眼光才能奋发图强"。

第二，英雄所见略同，与雪佛龙公司一样，富国银行也把执行写入了企业战略发展的理念，并认为"一个能够得到高效执行的好战略在任何时候都会打败得不到有效执行的伟大战略"。关于执行战略与战略执行，我们在《企业一体化管理系统》当中曾经得出过这样的研究结论："企业一体化管理系统"以"战略谋划"和"战略运行"也就是"战略执行"为支撑。其中，"战略谋划"的标志性成果是形成企业阶段性发展的战略规划方案，"战略运行"的工作是将这一方案变成企业全员的具体行动。从逻辑顺序上看，"战略谋划"是战略管理框架的第一步，"战略运行"是完整战略管理过程的第二步。从哲学的角度看，第一步是想，第二步是做；第一步是认识世界，第二步是改造世界；第一步是世界观，第二步是方法论；二者相辅相成，缺一不可，共同构成"企业一体化管理系统"的战略发展框架。

第三，富国银行在其企业战略发展理念当中强调了对于顾客和客户的重视。"对于顾客不变的重视是我们战略的基础，即便行业快速发展和竞争形势迅速变化，有了清晰的战略一样可以指导我们持续迎接这些挑战，为我们的顾客做正确的事情"；"以我们的愿景和价值观作为锚，我们战略的核心支柱专注于深化客户关系，同时为他们在任何时间、任何地方都会提供服务，并通过每一次的互动不断地加强彼此之间的信任"。这正如同雪佛龙公司把"有力地成长"列为企业战略的第三重点那样，也是一种战略的回归。

第四，富国银行在其企业战略发展理念当中还强调了多元化经营，这是任何一个大型集团企业都必须正视的问题，因为多元化是一把双刃剑，做得好了，它可以使企业大发展，做得不好，它也可能会使企业大溃败。而从富国银行的描述当中似乎可以看出它们在这个方面的自信，"我们的多元化经营模式给我们提供了实力和确保稳定，它使我们可以向客户和社区保证，我们将在这里为他们和未来几代人持续地进行服务"。

第五，在这个企业战略发展理念当中，富国银行还表述了它的企业战略之于企业发展的重要作用："我们的战略驱动我们的选择，可以确保我们的努力不会付诸东流，并打造与竞争对手不同的差异性，最终为我们的团队成员、顾客、社区和战略合作伙伴建构永久的价值观。"它对于企业战略重要作用的认识可以代表绝大多数企业的看法。

5.1.3 富国银行的企业战略发展重点

匹配于上述企业战略发展理念当中对于顾客和客户的重视，富国银行还为自己的企业战略设计了三个方面的重点，这三个方面的重点工作所围绕的核心只有一个，那就是全心全意地为顾客和客户服务。细读富国银行关于这三个方面重点工作的理解，不仅可以让我们深入地感知战略与战术的对接，而且还可以让我们全面而且细致地领略什么是真正的"以顾客为中心"和如何围绕更好地服务顾客的目标，有力地开展具体的工作。

1. 深化与顾客的关系并不断吸引新的顾客

富国银行致力于和顾客建立深层次和持久的关系，不断满足他们的需求，同时为他们提供相关性的产品、服务和引导。这种方式再匹配以富国银行在这个行业的广泛经验可以让它为顾客提供前瞻性的和适用的服务。

富国银行在过去这些年发展的与顾客的关系可以激励其在继续为老顾客服务的同时，还可以进一步吸引新的顾客加入。富国银行从不把自己的产品看成是独立存在的，它们是一个维护与顾客长远关系的整体。

富国银行永远基于顾客的需求而工作，从不只是想把产品卖给他们。

富国银行的团队成员与客户分享的每一刻都是一个真正的机会，它会积极主动地帮助客户并为他们提供个人所需的业务。无论客户是一个申请他的第一张信用卡的大学生，一个建立他的公司工资发放体系的企业主，还是一个执行收购的大型企业，这是一个储蓄未来的年轻家庭，每一个时刻都是一个机会。为他们提供帮助和引导，公司就拥有了大量可以全面发展的机会。

为客户提供他们所需要的和想要的产品和服务的结果，就是富国银行赢得更多的机会来服务客户，这样的发展模式可以被称为"交叉销售"。"交叉销售"可以为客户提供最好的结果，借此可以了解他们的财务需求和目标，并确保富国银行创新自己的产品、服务和渠道，使其赢得更多的业务，并帮助他们在财务上取得成功。

客户的成功就是富国银行的成功。

2. 随时随地无空隙地为顾客服务

技术创新已经从根本上改变了个人和企业的沟通和交易方式。随着创新步伐的加快，客户体验正在被重新定义。富国银行想以最方便的方式与客户进行沟通，这意味着它所有的分销渠道，包括地点、电话银行、自动取款机、网上和移动银行将一起工作，以整合其产品，让客户受益。

在专注于方便和易于使用的跨产品和服务的驱动下，富国银行正在扩大我们的能力和探索新的分销模式，以创建无缝的、集成的、一贯的和卓越的客户体验，这最终会赢得更大的客户忠诚度和保留更多的顾客。当专注于为客户服务的技术资源时，富国银行可以实现一个真正的竞争优势。但技术本身并不能保证这样的优势，重要的是我们的创造力和速度。

3. 通过良好的风险管理持续赢得顾客

信任是任何有意义关系的核心。建立一个更深入的客户关系并不仅仅是提供最相关的产品和服务，这也意味着公司必须确保和积极主动地保护客户的金融安全，要建立以风险为中心的企业文化。

作为风险管理的领导者，重视风险一直是公司业务可持续性和长期发展的基础。富国银行将一如既往地致力于照顾公司的客户，赢得他们的信任，确保他们的安全，并通过强大的控制、纪律和保密的隐私以及成熟的风险管理能力去保护他们的资产、个人信息和数据。富国银行资本结构的有效管理将进一步确保业务的安全和稳健。

5.1.4 富国银行的企业战略优先发展事项

除了前面设计的三个重点工作以外，富国银行还为其企业战略管理工作明确了一个优先事项："我们的优先事项是如何把我们的愿景、价值观和我们的战略融入今天的生活环境。"富国银行为什么要界定这样一个优先事项呢？那是因为："通过在这些领域取得进展，并忠实于我们的愿景和价值观，我们可以继续赢得我们的客户的信任，帮助他们在财务上取得成功，并成为世界上伟大的公司之一。"而富国银行为了实现这一优先事项的发展又有哪些方面的举措呢，它的举措一共有六个方面，即把客户放在第一位，不断增长收入，有效地管理费用，激活公司的愿景和价值观，连接社区和利益相关者和管理风险。

其中具体内容我们看一下公司总裁兼首席执行官的 John G. Stumpf 先生的陈述。

1. 把客户放在第一位

"我们第一位的工作就是了解我们客户的财务目标，然后提供产品和服务以帮助他们满足这些目标从而在财务上取得成功。并且，我们满足客户需求最好的方法是作为一个团队一起工作。这就是为什么我们这么看重团队合作的原因。

"我们把我们的客户放在我们所做一切事情的中心，因为我们给他们提供了如此优秀的服务和指导，所以他们会引导我们的业务，不断给予我们荣誉，而且还会把他们的家人、朋友也引荐给我们。当客户需要他们的下一个金融产品时，我们应该成为他们的第一个供应商。

"简单地说，我们的产品就是服务；我们的增值就是我们的财务指导。我们希望客户有一个可以满足他个人需求的独特的财务计划，我们会提供一个路线图以帮助达成他们的目标。服务我们的客户开始于知道他们是谁。我们知道客户的需求越多，我们就越能为他们提供他们想要的选择、方便和价格的好处。他们想让我们知道他们，尊重他们，欣赏他们，并奖励我们与他们做生意。金融服务中的赢家将是最了解他们的客户的公司，能够高效、安全地获取这些信息并尊重地对待它和明智地使用它，企业就一定会成功、成功、再成功。"

2. 不断增长收入

"富国银行是一家注重增长的公司，公司认为关键的底线就是最高线，而持续增长利润的能力是基于可持续的收入增长。收入是衡量我们如何服务客户的需求，赢得他们的信任，并扩大我们市场份额的措施。这是我们的客户每天都在给我们的公司进行投票。当他们赞赏我们的服务时，就会给我们更多的业务，从而可以增加我们的收入。此外，他们还将把新客户带给我们，他们会和我们一起生活。

"我们不能控制经济、利率、市场或世界事件，但我们可以专注于我们可以控制什么和我们可以长期保持什么，那就是我们的核心业绩和我们收入的增长。这是我们的优先事项，无论这条路是崎岖不平的还是光滑的，无论是利率还是失业率都很高或很低，收益率曲线是否平坦或陡峭，经济是增长或萎缩。我们能影响的是我们为客户服务的能力，并作出明智的商业决策。

"我们寻找机会继续增加我们所有的业务收入，并满足我们客户更多的金融需求。例如，我们希望我们的零售银行客户更多地考虑我们可以满足他们的经纪和退休需求。我们想继续扩大与我们有抵押或信用卡关系客户的数量。我们也希望我们成为业务、商业银行和全球客户的首选。"

3. 有效地管理费用

"我们都知道在家里管理一个预算是什么。我们支付账单，密切关注费用，想用辛苦赚来的钱买到更多，没有人喜欢发现他们可以在别的地方买到同样的东西。

"这些道理在富国银行是相同的，只不过两者之间还有一个很大的区别，那就是我们花的钱不属于我们，它属于我们的股东。因此，我们必须更加遵守纪律，更严格地管理我们公司的费用，同时还不牺牲我们的能力以帮助客户赚取更多的收入。

"我们应该一直在寻找方法来简化我们的操作，使我们的客户更容易和我们的团队成员做生意。当我们找到明智的方法来减少我们的开支时，我们节省的资金可以造福于我们的客户，投资于未来，并奖励我们的股东。"

4. 激活公司的愿景和价值观

"当我们每天来工作的时候，我们就有机会把我们的愿景和价值观带入工作当中。无论是每一次为顾客服务，还是支持一个团队成员。这就是我们的愿景和价值观需要出现的地方，它们需要出现在我们的日常行为里。

"有一句古老的谚语叫作'行动胜于语言'。基于这个思想，我们需要向人们展示我们所相信的内容。顾客需要在日常生活当中看到和感觉得到我们的愿景和价值观，而不只是在墙上的海报中欣赏它们。也就是说，我们的客户需要看到我们做正确的事情，并帮助他们在财务上取得成功。而我们的团队成员也需要看到我们的尊重、关心和相互欣赏。我们的社区需要看到我们参与和投资对他们来说很重要的项目。这些都要求我们可以把视野和价值观真正地带入现实的生活。

"我们想被称为世界上最伟大的公司之一，但我们知道，一个杰出公司的声誉不能被购买，也不可以被操纵。它必须几十年如一日地重视商业伦理，以客户为中心，依靠团队成员集体的力量。

"当然了，我们的愿景和我们的价值观是第一位的，而不是我们的声誉。因为我们的声誉依从于我们的性格，而不是其他方式。我们应该想做一些事情，也或者不想做一些事情，做与不做首先要看它是否是正确的，能否有益于我们的客户、团队成员、社区和股东，而不是看它是否会影响我们的声誉。而如果这是正确的事情，它就一定会有利于我们的声誉。"

5. 连接社区和利益相关者

"我们明白，我们在我们的社区和关键利益相关者的成功当中发挥的重要作用。美国最近经历了一些压力，在某些日子里，似乎有更多的力量把我们分开了，而不是把我们拉在一起。而我们不同，在这里我们为所有的客户服务，帮助他们在财务上取得成功，我们于所在的社区投资，并帮助社区的经济增长更有动力。

"经济复苏不平衡，所以许多人还在继续斗争。我们每天在当地的办公室里，在我们的电话线，在互联网上都可以听到他们的消息。我们也听到越来越多的公民团体、民选官员和监管机构希望我们承担更多的责任，解决更广泛的经济挑战。现在不是撤退的时间，而是与我们的利益相关者和社区进行联系的时候，我们听取和理解他们，知道自己做什么是正确的，而且我们还要敢于承认错误，并向他们学习，此外还要向他们报告我们的故事。"

6. 管理风险

"我们一直很强调风险管理，特别是信用风险。我们的目标是建立这样的力量，并为所有金融机构的风险管理建立全球的卓越标准。我们明白，如果想要继续我们的成功和满足更高的期望，我们就必须善于管理各类风险，包括信用风险、市场风险、流动性风险、操作风险、信息安全风险、合规性和声誉风险，等等。

"强大的风险管理实践进一步使我们能够为客户提供更好的服务。在风险管理和客户体验之间有着很强的相关性，客户希望与他们可以信任的公司做生意，我们将继续投资建设卓越的风险管理体系，以最好的服务去保护我们客户的利益。"

5.1.5 富国银行的未来企业发展战略

关于这一个方面的内容我们还是看一下 John G. Stumpf 先生的理解：

"我们的企业愿景和价值观已经成长起来了。我从来没有对我们的愿景比今天更有信心，也没有比今天更能确定我们的价值观。毫无疑问，我们的公司可以经受任何经济周期的考验，我们将更加强大，可以更安全、更可靠地为我们的客户和社区服务。

"在我们公司的历史上，我们公司从来没有比现在更加充满活力。这除了我们的成长以外，还因为比以往任何时候我们的客户都更加需要一个安全、可靠和有能力的金融服务提供商，可以帮助他们计划和实现他们的财务目标，购买一个家庭，或为他们的孩子提供教育，建立一个业务，并为退休进行储蓄。

"从来没有像现在这样需要我们把客户视为朋友和邻居，让他们有家的感觉，告诉他们我们对他们的关心，让他们感到我们服务的不一样，给他们消息灵通的指导，为他们提供价值，并了解他们和感谢他们。如果我们继续把所有这些事情做好，我们将不仅仅是赢得他们的感激之情，而且将得到他们一生的业务。

"这取决于我们。我们要团结在一个愿景下，共同分享价值观，建构一个相互理解、彼此关心和追求效率的企业文化。

"我们享受一个考验的时间和可以提供成熟的战略和目标多元化的商业模式，我们受益于一个可持续的、拥有竞争优势的经营理念。而且，最重要的是，我们拥有伟大的员工。"

5.2　创新发展理念

创新是这个时代发展最强大的动力，关于创新的研究可能是学术文献当中最重要的几个部分之一，而关于创新的应用却不如关于创新的研究那么有普遍性，很多企业知道创新，但没有创新，或者是不知道应该如何创新或者是系统性地进行创新。

在我们所研究的美国十家杰出公司当中，几乎所有的公司都在强调创新，都把创新当作是企业文化的一个重要内容，这为我们看待创新提供了另外一个视角，那就是不仅要把创新当作企业发展的一个重要工作和工具，而且还应该把它上升为企业发展的重要指导理念和思想，我们可以把这些理念和思想统一称为"创新发展理念"。

下面我们就从这十家公司当中选择四家公司的部分关于创新的观点进行介绍和解读，它们的做法可能不一定是完善的，但是它们想要把创新进行到底的决心却是坚定的，能够从中看出这一点并也同步坚定了我们的企业同样要把创新进行到底的决心，那么我们所做的分析和介绍就成功了。

5.2.1　四家杰出公司的创新发展理念

我们基于创新发展理念所选择的四家公司分别是埃克森美孚石油公司、雪佛龙公司、JP 摩根大通和花旗集团。

其中，埃克森美孚石油公司的首席执行官 Rex W. Tillerson 于 2015 年 10 月在第 36 次世界石油和金融年度会议上专门做了关于创新的发言，题目是"解开创新的束缚，满足我们能源与环境的需求"。在其公司当中也始终奉行着这样一个政策，即在下游产业和化学行业以创新驱动公司可持续发展，并认为可持续发展是公司的未来，为此公司所有的员工都必须承诺进行不断的创新和不断的进步。

雪佛龙公司在这个方面的认识是："技术创新在低商品价格的时代可以区分我们的表现。"据说，相信自己能改变世界的人是那些能改变世界的人。在雪佛龙公司，所有人都非常看重"能做"的精神。创新和发展的技术可以帮助公司在世界各地提供人们可以负担得起的、安全的和可靠的能源。这是雪佛龙公司在任何商业环境当中所做的事情，但是创新、效率和成本管理的经济在商品价格较低时更为重要。

雪佛龙公司的技术既可以帮助公司找到和商业化新的石油和天然气，也可以从现有的油田当中恢复更多的资源。创新可以使雪佛龙公司能够整合数据和信息，以便于有效地管理和发展公司的全球资产。创新可以帮助雪佛龙公司安全可靠地运行，并且尽可能给环境带来最小的影响。

我们再看一下以下 JP 摩根大通关于创新的说明：

"技术可以被利用作为一种强大的推动者。它可以缓解执行支付的挑战，可以降低全球组织的复杂性，可以提高财务的可知度。但以颠覆性创新的动力瞄准快节奏的变化，纯粹的数量和复杂技术的选择似乎可以压倒一个潜在的昂贵和艰巨的实施。选择错误的技术可以抑制而不是通过增加碎片创建摩擦和阻碍一个集成视图的进展。"

花旗集团在创新方面的认识是：

"为使超过 20 亿的人进入经济主流，花旗集团和我们的合作伙伴需要以新的方式思考、行动和投资。

"我们正在投资项目以扩大我们的影响，以让更多的人可以参与经济增长。

"在 2014 年，花旗集团举办了拉丁美洲花旗移动的挑战，并发出了全球倡议，邀请技术开发商共同构想在金融行业当中的数字银行，这吸引了 150 多名与会者。在 11 个获奖者当中最突出的是 POS Móvil，这是在危地马拉创建的一个软件，它是可以代替现金和支票使用的短信电话技术，它能够确保数字支付的安全。这项技术可以连接银行账户的零售商和花旗集团的客户与小额信贷机构，为他们提供流动资金，提供一个安全的支付体系和其他诸如保险类的产品。

"在过去的 10 年当中，花旗基金会通过花旗微型创业奖支持和奖励了更多的创新的企业家。年度计划为 30 多个国家的 6000 多个杰出的小企业提供了 900 万美元的现金奖。需求创新、数据驱动的解决方案和想法池、资源和最佳实践等已经被纳入全球范围内的金融包容性。

"花旗集团明白这一点，我们的基金会也会进一步研究有效的解决方案，并支持可以汇集世界各地金融从业人员优秀想法的网络论坛。"

5.2.2　对四家杰出公司创新发展理念的解读

通过以上四家公司关于创新发展理念的描述，我们首先可以从中感知创新的重要性和创新作用的具体表现。此外，我们还可以初步了解如何开展创新工作的思路和方法。以下就是我们的具体解读。

在埃克森美孚石油公司看来，创新是密切关联可持续发展的，而可持续发展又密切关联未来，所以它是非常重要的。因此，所有的员工都必须承诺不断地创新和不断地进步。而员工是创新的主体，只有全体员工都能够参与创新时，一个企业创新发展的体系才能建立起来。否则只有技术部门实施创新的工作，那么这种创新也就只能称之为技术创新。而技术创新固然重要，但它不能代表创新的全部。

分析雪佛龙公司关于创新的看法可知，它比较重视的还是技术创新，"技术创新在低商品价格的时代可以区分我们的表现"。虽然我们不主张建立单一的技术创新体系，而应该建立包括技术创新、管理创新、营销创新、理念创新、集成创新、微创新等在内的系统创新体系，但是对雪佛龙公司这样的石油开采与提炼公司而言，技术创新对它们来讲自然是最重要的。事实上，关于创新的思想在雪佛龙公司中最值得我们借鉴的是这样一句话："相信自己能改变世界的人是那些能改变世界的人。"把这句话换个说法就是"只有充满自信的人才能自信地把事情做好"。所以在雪佛龙公司，人们都非常看重"能做"的精神。此外，创新的目的是什么呢，以雪佛龙公司的观点来看，"创新和发展的技术可以帮助我们在世界各地提供人们可以负担得起的、安全的和可靠的能源"。能够做到这一点又如何呢？雪佛龙公司就会因此获得长足的进步和全面的发展。这就是创新对于这家公司的重要作用。

我们看一下 JP 摩根大通是怎样看待创新作用的，它认为，"技术可以被利用作为一种强大的推动者。它可以缓解执行支付的挑战，可以降低全球组织的复杂性，可以提高财务的可知度"。

花旗集团此番关于创新的表述除了强调创新的重要性以外，主要还介绍了它已经取得的创新成果，以这些创新成果为例，它们要表达的不仅仅是例证创新的重要作用，而且还可以由此告知世人创新的方法千万条，只要你想，只要你的公司肯投入，就一定会找到适合于你公司的创新路径。

5.2.3 我们对创新发展理念的一些看法

创新是企业发展的最强动力，是任何一个成功企业都不可忽视的重要工作。关于创新，我们可以向企业家和企业高层领导团队提出如下四个问题，这些问题以及针对这些问题的回答就代表我们对于创新发展的一些初步的看法。

1. 你的企业重视创新吗

不断创新对于一个企业的发展肯定是重要的，但也不是所有的企业都会去重视它。

实力很弱的企业之所以不重视它是因为它们觉得自己还没有能力去创新，维持现状，坚持发展，已然不易。可是大多数持有这样思想的企业它们真的就是在维持现状，艰难求生。相反，不因企业小和新而重视创新的企业却可以发展得非常迅速，这样的例子举不胜举。

很多实力极强的企业也有可能不重视它，原因是它们认为自己已经很成功了，为什么还要创新呢。正如我们所研究的这十家公司一样，它们已经那么强大了还需要创新和重视创新吗。经过我们的研究得出的结论是，即便它们现在已经发展得很成功了，但是它们并没有放弃对于创新的重视，在很多企业看来，创新是而且一直是它们能够取得成功的关键影响因素，创新管理与人力资源管理和财务管理一样，它已经成为企业在发展过程当中的一个必不可少的职能，是企业管理工作体系当中的一个不可分割的部分。所以说，创新和重视创新是必然的，企业要探讨的只是方法上的事情，而不存在认识上的问题。

基于以上所述我们得到的结论是：你的企业现在不成功，借助创新可能会成功；你的企业现在很成功不能保证它会一直成功，只有那些重视创新并能全面跟进时代发展特点的有思想的企业才能持续获得成功。

2. 你的企业有没有系统创新

正如前面所说，我们不赞同雪佛龙公司那种只强调技术创新的做法，事实上这家公司或者在其他方面也有创新而我们没有找到相关资料而已，所以举它的例子也许并不恰当，但是我们借此要表达的意思却很清楚。我们的观点就是主张所有开展创新工作的企业都应该建立起自己完整的创新系统，这是判断一个企业能否进行系统创新的重要标志。

对此，我们设计了几条判断的标准，它们分别是：企业是否将创新工作当作企业管理的重要工作之一；企业创新是否有明确的目标和经过分解的目标体系；企业创新是否建立了常态化的运转程序；企业各个部门、各个人员是否都有参与创新的路径；企业创新任务主要承担部门是否有明确的创新计划；企业高层是否有定期召开创新工作会议的制度；企业是否有针对各类创新的激励机制；企业是否安排了专门负责创新工作的领导与工作人员。

如果一个企业口中说重视系统创新，但在实际工作过程当中却没有几点能够达到以上所列举之标准和要求，那么我们不但要说这个企业没有建立起有效的创新系统，甚至还可以说这个企业压根就没有正经地对待创新管理的工作。

3. 你的企业有没有高层次的创新

判断企业是否有高层次的创新，有如下几个标准：企业是否有高层次的创新项目，这里重点说的是技术创新；企业是否有高水平的创新管理，这里重点说的是管理创新；企业是否以创新发展为动力，即创新是否应该成为企业发展的推动力，而不仅仅是为了解决问题，只是为了解决问题而进行的创新不是高层次的创新；企业的创新工作是否配合了企业发展的战略，或者说，企业是否把创新工作上升为企业战略发展的构成内容。

4. 你的企业创新效果如何

判断企业创新的效果有两个方面的考虑，一个是企业的实际效益变化，另一个是创新与竞争战略的关系。企业效益变化明显，创新促进了竞争战略的发展，这样的创新便是好的创新。相反，虽有创新却无效益提升，虽有创新却与战略脱节，不能为战略发展提供动力，则这样的创新就是低效的创新。

5.3　富国银行的统一理念及其解读

在《企业文化与绩效管理及其互动影响研究》那本书中，我们曾经提出过企业文化的一个重要功能，那就是"统一"的功能。在我们所研究的十大杰出公司当中，富国银行在这个方面有明确的描述，它们的口号就是"一个统一的富国银行"。

我们所说的企业文化的统一功能在于强调一个企业的对外形象、企业的标志、企业的理念、企业的管理、企业的经营风格、企业的办事程序等方面要保持统一性和完整性。而富国银行所说的"一个统一的富国银行"不仅仅反映了我们这种所想，而且还比较全面地告诉了我们作为一个具体的企业应该如何去做。

下面我们就结合富国银行 John G. Stumpf 先生在其公司企业文化手册上对此的陈述来看一下富国银行是如何理解这种"统一"的，以及它在这个方面的具体做法是什么：

"无论是在他们与顾客的交流过程当中，还是在他们自己的背后，所有我们的团队成员都可以在日常的工作和生活当中体现我们的文化，我们相信基于他们的工作不仅可以把富国银行打造成一个伟大的工作平台，而且还可以向顾客传递最好的经验。这就是我们所说的'一个统一的富国银行'。

"我们有工作在 90 个分支机构的 265 000 名团队成员，顾客希望我们能够为他们提供一条龙的金融服务。'一个统一的富国银行'代表着我们可以展示给顾客一个统一的形象，在与他们互动的每一个时刻，我们都致力于让他们感觉到我们在以最方便的程序为他们提供服务，而且这种服务让他们从中感受到了价值。

"我们带给顾客的每一刻都是重要的，它们在每一天都重要。这可以表现在日常的工作方面，如帮助他们开设一个账户，完成一笔交易，结算一个支付；也可以体现在比较复杂的、不是即刻就能完成的，而且需要高度投入的工作当中，如帮助他们购买一所房子了，开始建立一个企业，或者解决一个难题，等等。

"最后是他们签名的时刻，这一刻表示我们已经帮助客户成功地完成了他们的要求，帮助他们达到了财务目标，而他们也会奖励给我们更多的业务。

"当我们与客户沟通时候，我们应该做到一致的关心。我们要让他们感觉到我们是平易近人的，是可尊敬的，也是富有同情心的。我们在为客户提供信息的时候应该是一致的，包括跨行线业务和跨公司的业务都是应该如此。

"我们应该平易近人，容易理解。我们尊敬他人，有礼貌，体贴且善解人意。我们应该用客户容易理解的语言去书写。

"每一次当我们服务客户的时候，我们应该反问我们自己，如果我是客户，在这种情况下对于这种经历我会有什么样的感受，这种交易方式是否让我感觉到了简单和方便，我们的事情是否得到了快速的反映，第一个接待我的员工是否负责地确保让我们得到了我想要得到的东西，等等。这就是我们所说的'一个统一的富国银行'的意思，设身处地地为客户着想。

"客户希望能够与这样的公司打交道，它们有感情，可以说自己的语言，对于自己的文化比较敏感，可以看重自己的价值，也能够在金融上成功地帮助自己。为了确保这种有感情的连接，我们必须于所做的一切事情当中把顾客放在中心位置。

"客户希望我们是'一个统一的富国银行'，我们当中没有一个人能知道我们企业成千上万的产品和服务的一切。但是客户不这么想，他们希望得到系统和便捷的服务，他们希望遇到正确的人，得到正确的答案。

"每一个团队成员有一点是相通的，那就是我们要共同为客户服务。每一天，我们的客户会对我们说：'你知道我，你知道我是谁，你知道我需要什么。当我进入你们的银行或在你们银行的网上，以及使用你们的手机银行和自动取款机时，你们应该知道我所有的信息。关于你们已经拥有的信息请不要问我同样的问题，也不要把我转移到可能会做同样事情的其他人。'他们会说：'感谢我和我给你们带来的一切。请像朋友一样对待我。请感谢我。请奖励我。如果我给你们更多的我的业务，然后你们就应该给我一个更好的交易，并保持你们伟大的服务水平。'

"正如同互联网搜索引擎一样，我们需要知道关于客户的一切，它们必须是方便的，是准确的，是安全的，而且是快速的。"

关于统一的理念和统一的功能，我们非常喜欢借用中国传统文化当中的一些思想和见解进行论证，以下就是我们对此的论证内容。

关于用兵作战的统一原则及其重要作用，在几千年前，武王就曾经向姜太公请教过。在《六韬》一书中记载道：

武王问太公曰："兵道如何？"

太公曰："凡兵之道莫过乎一，一者能独往独来。黄帝曰：'一者阶于道，几于神。'"

在这个问对当中，武王问太公的是，"用兵作战的原则是什么"。太公的回答是，"用兵最为重要的原则就是统一，一般用兵的原则没有比指挥上的高度统一更重要的了。如果指挥统一，行动统一，那么军队就能独往独来，所向无敌"。

太公所说的这种组织的统一性其实就是我们这里所说的企业文化的统一功能，有了这样的统一功能就可以帮助企业成员在思想上达成共识，在行动上保持高度的一致。关于这一点，John G. Stumpf 说，"我们共享的使命和价值观把我们统一成为一个完整的富国银行"。相反，如果一个企业缺少这种统一的功能、统一的力量、统一的指挥、统一的行动、统一的服务、统一的管理，那么它就肯定无法形成强大的合力，也产生不了高效的对外竞争力。

太公为了让武王更加准确地理解这种组织统一的重要性，还引用黄帝的话进行了佐证，黄帝说，"统一指挥基本上符合用兵的规律，几乎可以达到神妙莫测的用兵境界"。

借助黄帝的这句话，我们可以概括企业文化第一功能的作用是，"企业文化的统一功能完全符合企业战略性发展对于人员整合的要求，几乎可以达到神妙莫测的用人效果"。

5.4　富国银行文化优先的理念及其给予我们的启发

以下内容同样取自富国银行前董事长兼首席执行官的 John G. Stumpf 先生在其公司企业文化手册上的陈述，借助这些陈述内容我们可以感知到这家公司所认可的另外一个理念，那就是"企业文化优先于企业发展的规模"。

"文化第一，规模第二。

"虽然我们可以用收购作为一个具有成本效益的方式来帮助我们获得更多的客户业务。但是，我们不会为了变大而去收购另外一家公司，我们从来没有让规模领先于我们的文化。因此，我们得到了更大的越来越好，而不是得到了更好的越来越大。

"所谓'更好'就是在为客户服务时，或在满足他们所需要的下一个金融产品时，我们要把自己放在最好的位置。在资产回报与收入和赢利能力的增长方面，我们想成为我们行业的领导者，我们股票所呈现的最好绩效应该在任何行业当中都有目共睹。但我们要以一个非常不同的方式去实现这些目标。如果我们为我们的团队成员、顾客、社区做了正确的事情，这样，也只有这样，我们才能够获得持续的利润，并让股东把我们当作一个巨大的投资来看待。

"当涉及收购时，我们建立的关系往往需要几年以后才能够看到成果。我们寻找的是经济的技能，而不仅仅是规模经济。我们购买我们了解的公司和资产。我们使用保守的假设。我们只收购将有利于股东的项目。我们的每一次收购都必须不迟于购买后的第三年就可以增加每股收益，并赚取至少15%的内部收益率。我们会将被收购公司和它的人员迅速和顺利地融入我们的文化当中。我们最近收购公司的优先事项与富国银行的其他任何公司都是一样的：第一，确保安全和稳健的管理做法是到位的；第二，实现可接受的赢利能力；第三，扩展业务并获得有乐趣的成功。"

看完了这个陈述以后，我们的第一反应就是想到了中国的海尔集团。在海尔集团早期扩张的时候曾经有一个"吃休克鱼"的做法，那就是兼并和收购那些基础不错但是失去了发展活力的公司，接下来安排人力资源和企业文化管理的相关人员进驻，然后将海尔公司的企业文化和企业管理模式融入所兼并企业。之后，我们仿佛看到了奇迹，这些公司到了海尔的手里便起死回生，扭亏为盈了，在那个时候这种事情被传为美谈。现在回过头来看一下富国银行的文化优先理念，这其实与海尔集团当时的所想与所做是完全相通的。由此看来，美国的大企业与中国的大企业在企业文化管理方面还是存在着众多的共识的。

除了上述一点以外，富国银行的文化优先理念还体现在它们所追求的以正确的方式做正确的事情这个价值观上，"如果我们为我们的团队成员、顾客、社区做了正确的事情，这样，也只有这样，我们才能够获得持续的利润，并让股东把我们当作一个巨大的投资来看待"。

此外，要全面理解文化优先的理念，还应该结合前面一个理念，即统一的理念进行分析，在富国银行的企业文化手册当中这两者也是被关联在一起进行描述的。事实上，也正是因为企业文化具有强大的统一功能，所以它才可以成为企业经营和企业管理的优先选项。

第6章 行为文化与行为准则

"行为文化"就是我们在《企业文化与绩效管理及其互动影响研究》一书中所建构的"行为表象文化"，它是企业三大"表象文化"内容之一，是企业文化在"人"的身上所展示的外在表现形式。

"行为文化"作为重要的企业表象之一，它的承载主体不仅包括所有的企业员工，而且也包括各级的领导者与管理者。此外，"行为文化"在行为准则的引导与规定下会有这样一些主要的表现形式，它们是企业领导者的对外交往风格、对内领导风格、企业对外交往的方式、守信水平、管理者办理事情的速度、接待外部人员的表现、内部人员的沟通方式和神情、员工的做事方式、工作过程中的态度、员工如何使用资源和办公条件，等等。通常而言，借助以上所说的行为就可以判断一个企业的企业文化水平，就可以了解这个企业成员的精神面貌，甚至可以界定一个企业是个积极友善的企业，还是一个消极冷漠的企业；是一个充满活力、不断创新且富有追求的企业，还是一个古板守旧、不知变革的企业。

一个企业的"行为表象文化"的核心内容是企业的 BI（behavior identity）识别系统，也就是"行为识别系统"。既然它是一个系统，就说明它的内容是可以被设计的，也就是说，一个企业可以设计它的领导者、管理者以及员工们的日常行为规范，并要求他们随时随地地遵守这种行为规范。在我们集中研究的美国十大杰出公司当中，埃克森美孚石油公司对此给予的重视是显而易见的，也是非常系统的。在其公司网站上可以找到相关的五个重要文件，其所涉及的内容都是对于企业员工行为的规范说明。在这五个文件当中，又数《公司商业行为标准》规定得最细，它又包括了二十几个细分的政策，如伦理行为政策、利益冲突政策、公司财产管理政策、礼物收取与娱乐政策、反贪腐政策、内部管理政策、顾客关系和产品质量政策、员工机会平等政策、开放式沟通的程序，等等。有了这些政策说明和规定就可以培养和体现企业全员的行为风格，就可以形成企业独有的行为文化。

除了埃克森美孚石油公司以外，我们还找到了威瑞森电信公司、JP 摩根大通和马拉松原油公司这三个公司的行为准则手册，以及波音公司的行为文化规定。其中，马拉松原油公司的行为准则手册有 16 页的内容，威瑞森电信公司的行为准则手册有 40 页的内容，而 JP 摩根大通的行为准则手册更是多达 100 页，它们对于企业领导、管理者、利益相关者以及企业全体员工行为的规定设计得非常精细，要求得非常严格，考虑得非常全面。而企业上下如果能够长期按照既定的和规定好的行为规范做事情，自然就会形成这个企业特有的"行为文化"。

当然，行为文化不可能是单独存在的，它要表现也必然会表现企业的精神文化和企业的亚文化，而且还要密切关联企业的制度文件与制度文化。为此，若一个企业希望自己的行为文化是优秀的，那么它首先要设计和提炼出优秀的精神文化和企业亚文化，然后再建立起完整的制度规范体系，这是一个前提。而在我们所研究的埃克森美孚石油公司、威瑞森电信公司、JP 摩根大通和马拉松原油公司的行为文化建设过程当中，它们也都是这样做的。

为了帮助大家全面了解这些公司的行为准则和行为文化，我们首先列出了它们公司所制定的各种政策和规定的中英文目录，然后对这些目录当中所反映出来的行为文化作出了一个概括性的解读。之后于其中引入了各个公司关于行为文化的最为核心的诉求以及最想要表达的思想。鉴于篇幅所限，我们没有办法把这些公司的所有行为准则和政策都一一地进行介绍和分析，但是经过我们的努力可以帮助大家就此了解如何使用行为准则去营造行为文化，以及为了营造公司想要的行为文化应该如何去设计公司的准则和制度体系。

6.1　埃克森美孚石油公司的商业行为准则与行为文化

6.1.1　主要内容介绍

在埃克森美孚石油公司的网站上我们可以很容易地找到它的《商业行为准则手册》，即 *Standards of Business Conduct*。这个手册一共是 28 页，主要内容如下面的目录所示。

针对这个目录我们先把其原文介绍给会英语的人，这样可以保持它的"真"；然后我们再做逐字翻译，以帮助那些不会英语的人理解它的"意"。

TABLE OF CONTENTS

INTRODUCTION AND GUIDING PRINCIPLES
Introduction··1
Guiding Principles···2
FOUNDATION POLICIES
Ethics Policy···3
Conflicts of Interest Policy···4
Corporate Assets Policy··5

Directorships Policy ·· 6

Gifts and Entertainment Policy ······················· 7

Anti-Corruption Policy ·································· 8

Political Activities Policy ······························· 9

International Operations Policy ······················· 10

Antitrust Policy ·· 11

Health Policy ··· 12

Environment Policy ·· 13

Safety Policy ··· 14

Product Safety Policy ····································· 15

Customer Relations and Product Quality Policy ········· 16

Alcohol and Drug Use Policy ···························· 17

Equal Employment Opportunity Policy ·················· 19

Equal Employment Opportunity Policy

(modified for application in the United States) ············ 20

Harassment in the Workplace Policy ··················· 21

Harassment in the Workplace Policy

(modified for application in the United States) ············ 22

PROCEDURES AND OPEN DOOR COMMUNICATION

Procedures & Open Door Communication ················ 23

其目录翻译成中文如下：

目　　录

介绍和指导原则

介绍··· 1

指导原则·· 2

基础政策

伦理政策·· 3

利益冲突政策·· 4

企业资产政策·· 5

董事政策·· 6

礼物和娱乐政策······································ 7

反腐败政策·· 8

政治活动政策 ·······································9

国际业务政策 ·······································10

反垄断政策 ···11

健康卫生政策 ·······································12

环境政策 ···13

安全政策 ···14

产品安全政策 ·······································15

客户关系和产品质量政策 ·····························16

酒精和药物使用的政策 ·······························17

平等就业机会的政策 ·································19

平等就业机会的政策

（在美国应用的修订）·······························20

制止在工作场所骚扰政策 ·····························21

制止在工作场所骚扰政策

（在美国应用的修订）·······························22

程序和开放沟通

程序和开放沟通 ·····································23

分析一下这个目录，一共包括三个部分，其中第一部分是 Rex W. Tillerson 的致辞（Introduction）和引导性原则（Guiding Principles），Rex W. Tillerson 的致辞我们将在后面第七章当中专门进行分析和介绍，在这里我们主要是看一下它的引导性原则。第二个部分包括 19 个具体的政策，以及其中两个政策在美国的修订。第三个部分是关于开放交流的政策及其工作程序。

6.1.2 引导性原则

在这个行为手册当中所涉及的引导性原则主要是用来处理四个方面的关系，这四个方面包括股东、顾客、员工和社会（区）。

其中，对于战略合作伙伴："我们承诺不断地提高他们投资的长期价值，以不负他们对我们的信任。通过负责任地运营有利的业务，我们希望投资人能够为此得到超额的回报。而这种承诺就是我们管理公司的主要动力。"

对于顾客："我们会坚持不懈地发挥我们的能力以确保顾客们能够一如既往地满意。我们承诺不断地创新和及时地反应，并以最具竞争力的价格为顾客提供高质量的产品与服务。"

对于员工："我们优越的工作环境可以为员工提供有价值的竞争优势。基于这种优势，我们会一直努力地去招募和留住优秀的人才，并且通过不断地培训和发展给他们创造最大的追求成功的机会。我们承诺，通过开放的沟通、信任和公平相待可以为员工们提供一个安全的具有多样化和个性化的工作环境。"

对于社会："我们承诺在任何工作的地方都保持良好的合作公民形象。我们要坚持高水平的道德标准，遵守法律和法规，尊重当地的以及该国的文化。为了以上这些目标，我们致力于安全地和对环境负责任地运营工作。"

埃克森美孚石油公司所制定的处理这四个关系的原则其实就是前面我们分析过的该公司的企业宗旨，因为我们前面已经做过比较详尽的分析，所以在此就不再重复解读。

除了要坚持这四个原则以外，埃克森美孚石油公司在其行为准则上还列出了这样一些补充说明：

（1）"埃克森美孚石油公司希望在我们业务的各个方面都成为竞争前沿的领导者。这就需要公司的资源、财务、运营、技术和人力资源可以得到明智地使用和定期地进行评估。"

（2）"当我们保持高度灵活性以适应不断变化的环境时，我们的业务需要采用一个集中的、长期的方法。"

（3）"我们将通过不断地学习、分享和实施最佳实践以提高效率和生产力。"

（4）"我们将有纪律和有选择性地评估能够给我们的资本提供投资机会的范围。"

（5）"我们将寻求开发提供竞争优势的专有技术。"

最后，"我们要在遵循这些指导原则和政策的基础上，通过完美执行我们的业务计划以实现我们的目标"。

6.1.3　18 个行为政策

在这个行为手册当中一共谈到了 19 个政策,涉及企业管理工作的方方面面，这 18 个政策分别是：①伦理政策；②利益冲突政策；③企业资产政策；④董事政策；⑤礼物和娱乐政策；⑥反腐败政策；⑦政治活动政策；⑧国际业务政策；⑨反垄断政策；⑩健康卫生政策；⑪环境政策；⑫安全政策；⑬产品安全政策；⑭客户关系和产品质量政策；⑮酒精和药物使用的政策；⑯和⑰平等就业机会的政策及其在美国应用的修订；⑱和⑲制止在工作场所骚扰政策及其在美国应用的修订。

依据我们研究得出的结论，有什么样的政策文件就会催生什么样的行为文化，只要这些政策和文件能够得到坚决的执行。大公司是按政策和文件办事的，因为公司越大就越没有办法只是通过人与人之间的关系传递而进行管理，所以对于政策和文件的倚重就是它们管理的特色之一。埃克森美孚石油公司是一个名副其实的大公司，所以它对于政策的制定和执行肯定是认真的，所以在这些政策文件的规定下自然会形成其企业独有的行为文化。反过来说，企业的行为文化形成以后又会有利于所有的成员更加自觉地遵守这些政策文件，它们是一种相互影响并长期共存的关系。

6.2 威瑞森电信公司的行为准则与行为文化

6.2.1 行为准则的主要内容

威瑞森电信公司的行为手册一共有 40 页的内容，它的名字叫作 *Verizon Code of Conduct*，也就是《威瑞森行为准则》。其主要内容可以参见下面的 Table of Contents，也就是目录。

针对这个目录我们采用与前面一个公司完全相同的做法，即先把其原文介绍给会英语的人，这样可以保持它的"真"；然后我们再逐字地进行翻译，以帮助那些不会英语的人理解它的"意"。我们之所以把这个目录以及所有我们要研究的公司之企业行为准则的目录展示给读者，目的就是为了使大家可以看见和看清楚这些企业行为准则的全貌，从而方便从整体上把握这些公司在企业行为文化上的诉求。

Table of Contents

A Message to All Employees ··· 4

Introduction: Our Expectations and Values ································· 8-10

1. Maintaining an Inclusive, Fair and Healthy Work Environment ················ 11

    1.1   Diversity and Equal Opportunity Commitment ························· 11

    1.2   Discrimination and Harassment ······································· 11

    1.3   Workplace Violence ·· 11

    1.4   Workplace Safety and Environment ································· 12

    1.5   Substance Abuse—Illegal Drugs and Controlled Substances ········· 12

           1.5.1   Alcohol ··· 13

    1.6   Solicitation and Fundraising ·· 13

    1.7   Gambling ·· 13

    1.8   Employee Privacy ·· 14

1.8.1　Monitoring on the Job ································· 14

1.8.2　Use of Recording Devices ························· 14

1.9　Misconduct off the Job ······························ 14

2. Maintaining Integrity and Fairness in the Workplace ················· **15**

2.1　Avoiding Conflicts of Interest ······················· 15

2.1.1　Personal Conflicts of Interest ···················· 15

2.1.2　Employment Outside Verizon ···················· 15

2.1.3　Activities Outside of Verizon ····················· 16

2.2　Political Conflicts of Interest ························· 16

2.2.1　Personal Political Interests ······················· 16

2.2.2　Contributions of Corporate Assets ················ 16

2.2.3　Seeking Public Office ···························· 17

2.3　Insider Trading and Financial Interests ················ 17

2.3.1　Investments in Companies with Which You Conduct Business on Verizon's Behalf ························· 17

2.3.2　Significant Financial Interests in Companies ········· 18

2.3.3　Transactions in Securities ························· 18

2.3.4　Loans ··· 18

3. Protecting Verizon's Assets and Reputation ·················· **19**

3.1　Preparing, Disclosing and Maintaining Accurate Records ········· 19

3.1.1　Creating Accurate Records ······················ 19

3.1.2　Promoting Transparent and Complete Disclosure ······ 19

3.1.3　Retaining Company Records ······················ 20

3.2　Safeguarding Company Information ···················· 20

3.2.1　Protecting Non-public Company Information ········· 20

3.2.2　Acquiring Non-public Company Information of Others ······ 21

3.3　Proper Use of Verizon's Property and Property Owned by Others ······ 21

3.3.1　Company Benefits ······························ 21

3.3.2　Company Property and Funds ···················· 21

3.3.3　Work Time ····································· 21

3.4　Protecting Company Communication and Information Systems ······ 22

3.4.1　Prohibited Activities ····························· 22

3.5　Security of Facilities ······························· 23

3.6　Intellectual Property ······························· 23

    3.6.1   Proper Use of Others' Intellectual Property ······················· 23

    3.6.2   Information of Former Employers ······························· 23

  3.7   Handling External Communications ································· 24

4. Maintaining Integrity and Fairness in the Marketplace ·················· **25**

  4.1   Customer Relationships ··· 25

    4.1.1   Customer Privacy and Communications ······················· 25

    4.1.2   Customer Marketing ··· 25

    4.1.3   Selling with Integrity··· 26

  4.2   The Government as a Customer ··································· 26

    4.2.1   Court Orders and Other Legal Documents ····················· 26

    4.2.2   Classified and National Security Information ·················· 27

  4.3   Selecting and Maintaining Relationships with Business Providers ·········· 27

  4.4   Gifts and Entertainment ··· 27

    4.4.1   When Gifts Are Appropriate ································· 27

    4.4.2   When Entertainment Is Appropriate ··························· 28

    4.4.3   Prohibited Exchanges ······································· 28

    4.4.4   Gifts Involving Travel or Lodging ··························· 28

    4.4.5   Returning Gifts··· 28

    4.4.6   Gifts Outside the Workplace ································· 29

    4.4.7   Gifts and Entertainment Involving Government Officials ············ 29

  4.5   Bribes, Kickbacks and Loans ····································· 29

  4.6   Relationships with and Obligations of Departing and Former Employees ····· 29

  4.7   Interaction with Competitors ····································· 30

    4.7.1   Avoiding Violations of the Antitrust and Competition Laws ········ 30

    4.7.2   Gathering Information about Competitors ····················· 32

  4.8   Relationships with Affiliates ····································· 32

  4.9   International Relationships ······································· 32

    4.9.1   Locating Offices or Receiving Services Outside of the United States···· 32

    4.9.2   Compliance with Screening Requirements of the Office of

          Foreign Asset Control (OFAC) ······························· 33

    4.9.3   Import/Export Control ······································· 33

    4.9.4   Payments, Lobbying, Expenses and Recordkeeping

          Requirements Globally ······································· 34

    4.9.5   Economic Sanctions and Embargoes ························· 35

　　　　4.9.6　Illegal Boycotts ·· 35
Conclusion ·· **36**
Sources of Help ··· **37**
Quick Reference Chart ··· **37-38**

该目录翻译成中文如下：

目　　　录

给全体员工的一封信 ··· **4**
引言：我们的期望与价值观 ··· **8-10**
1. 保持一个包容、公平、健康的工作环境 ············· **11**
　　1.1　多样性和平等机会的承诺 ····························· 11
　　1.2　歧视和骚扰 ··· 11
　　1.3　工作场所暴力 ··· 11
　　1.4　工作场所安全和环境 ····································· 12
　　1.5　物质滥用：非法药物和控制物质 ··················· 12
　　　　1.5.1　酒精 ··· 13
　　1.6　征集和筹款 ··· 13
　　1.7　赌博 ··· 13
　　1.8　员工的隐私 ··· 14
　　　　1.8.1　监测工作 ··· 14
　　　　1.8.2　录音设备的使用 ···································· 14
　　1.9　工作不端行为 ··· 14
2. 保持工作场所的诚信和公平 ······························· **15**
　　2.1　避免利益冲突 ··· 15
　　　　2.1.1　个人利益冲突 ······································· 15
　　　　2.1.2　公司的外部就业 ···································· 15
　　　　2.1.3　公司的外部活动 ···································· 16
　　2.2　政治利益冲突 ··· 16
　　　　2.2.1　个人政治利益 ······································· 16
　　　　2.2.2　企业资产贡献 ······································· 16
　　　　2.2.3　寻求公职 ··· 16
　　2.3　内幕交易和金融利益 ····································· 17
　　　　2.3.1　以你的行为代表公司进行的投资 ··········· 17

　　　　2.3.2　公司的重大财务利益 ································· 18

　　　　2.3.3　证券交易 ··· 18

　　　　2.3.4　贷款 ··· 18

3. 保护公司的资产和信誉 ···································· **19**

　　3.1　制备、披露和保持准确的记录 ······················ 19

　　　　3.1.1　创建精确的记录 ······························· 19

　　　　3.1.2　促进透明和完整的披露 ························· 19

　　　　3.1.3　保持公司的记录 ······························· 20

　　3.2　维护公司信息 ··································· 20

　　　　3.2.1　保护非公开的公司信息 ······················· 20

　　　　3.2.2　获取其他公司非公开的信息 ··················· 21

　　3.3　正确使用公司的财产和他人的财产 ·················· 21

　　　　3.3.1　公司利益 ······································· 21

　　　　3.3.2　公司财产和资金 ······························· 21

　　　　3.3.3　工作时间 ······································· 21

　　3.4　保护公司通信与信息系统 ·························· 22

　　　　3.4.1　禁止的活动 ··································· 22

　　3.5　安全设施 ······································· 23

　　3.6　知识产权 ······································· 23

　　　　3.6.1　正确使用别人的知识产权 ····················· 23

　　　　3.6.2　前雇主的信息 ································· 23

　　3.7　处理外部通信 ··································· 24

4. 保持在市场上的诚信和公平 ································ **25**

　　4.1　客户关系 ······································· 25

　　　　4.1.1　客户隐私和通信 ······························· 25

　　　　4.1.2　客户营销 ····································· 25

　　　　4.1.3　诚实销售 ····································· 26

　　4.2　政府作为客户 ··································· 26

　　　　4.2.1　法院裁定和其他法律文书 ····················· 26

　　　　4.2.2　机密的和国家安全的信息 ····················· 27

　　4.3　选择和维护与业务提供商的关系 ·················· 27

　　4.4　礼物和娱乐 ··································· 27

　　　　4.4.1　当礼物是适当的 ······························· 27

　　　　4.4.2　当娱乐是适当的 ······························· 28

　　　4.4.3　被禁止的交流、交换 ···················· 28

　　　4.4.4　礼品包括机票和住宿 ······················ 28

　　　4.4.5　回礼 ······································· 28

　　　4.4.6　工作场合之外的礼品 ···················· 29

　　　4.4.7　涉及政府官员的礼物和娱乐 ············ 29

　　4.5　贿赂、回扣和贷款 ····························· 29

　　4.6　和离职雇员以及前雇员的义务关系 ········· 29

　　4.7　与竞争对手的互动 ···························· 30

　　　4.7.1　避免反垄断和竞争的违法行为 ·········· 30

　　　4.7.2　收集有关竞争对手的信息 ··············· 32

　　4.8　与子公司的关系 ······························ 32

　　4.9　国际关系 ··································· 32

　　　4.9.1　地方办公室和美国之外接受服务的办公室 ··· 33

　　　4.9.2　遵从外国资产监管控制办公室（OFAC） ··· 33

　　　4.9.3　进口/出口控制 ··························· 33

　　　4.9.4　全球性的支付、游说、费用和记录要求 ····· 34

　　　4.9.5　经济制裁和禁运 ························· 35

　　　4.9.6　非法抵制 ······························· 35

结论·· **36**

帮助来源······································ **37**

快速参考图····································· **37-38**

6.2.2　对行为准则内容的解读

　　通过以上目录我们可以看出，《威瑞森行为准则》包括八个部分。

　　其中，第一部分是公司董事长兼首席执行官 Lowell C. McAdam 的一个致辞，名字叫作 *A Message to All Employees*，相当于《给全体员工的一封信》，Lowell C. McAdam 的致辞我们将在后文第 7 章当中进行解读，不过在此可以先看一下他都说了哪些内容，以方便大家理解这家公司为什么要制定这样的行为准则，以及在这个行为准则的背后要反映一种什么样的行为文化。

　　以下就是 Lowell C. McAdam 的致辞大意：

　　"如果概括威瑞森电信之路的话，诚实是我们公司的核心。它是我们的基础价值观之一，也是我们可以与顾客、供应商和我们的同事们建立信任关系的关键要素。为了我们能够在数字市场当中取得成功，我们必须确保把威瑞森电信公司的品牌与信任、诚实和最高的道德标准关联在一起。

"我们每一个人在每一天每一个活动当中都有责任坚守这些高标准的道德要求。然而在一个复杂的商业环境当中，正确的活动过程到底应该是什么并非总是那么清楚，所以我们要在伦理商业实践中把《威瑞森行为准则》看作是我们行动的源泉。与威瑞森电信之路一起，《威瑞森行为准则》可以引导我们每天面对各种各样的商业形势，并为我们提供所需工具以帮助我们在日常工作里作出最好的决策。

"我要求你们全面学习行为准则并且与你的同事们共同讨论。当然，没有一个文件可以全面覆盖你工作过程当中出现的每一个情况，所以你能够也应该向你的主管、人力资源代表、道德办公室或法律部门提出你的问题和关切。

"对于威瑞森电信公司的声誉，你和我，我们都负有责任。我知道我可以信赖你们能够把诚实和伦理商业实践置于你们所做事情的中心。"

读完这个致辞以后，大家回头再看前面的行为准则的内容，就可以理解他为什么要这样说，以及这家公司为什么要这样设计行为准则了，是为"知其然，也知其所以然也"。对于任何事物，"知其然也知其所以然"是我们能够借鉴和学习的前提。

第二部分是一个主要内容介绍的引言部分（Introduction），它用三页的篇幅介绍了 Our Expectations and Values，也就是"我们的期望与我们的价值观"。

威瑞森电信公司的价值观我们前面已经做过分析，现在再回顾一下它的主要内容：威瑞森电信公司的企业文化认为，判断一个公司是否伟大不是看它说了些什么，而是要看它做了些什么。对威瑞森电信公司来说，"最好的行动就是保持我们对于新方向和令人兴奋的领域的探索，这些价值观会引导我们的每一个行动"。这句话事实上说出了行为准则与行为文化的关系，下面就是这家公司的四个主要价值观。

1. 诚实

"诚实是我们做任何事情时都要坚持的核心品质，我们诚实、正直、坚守道德信念"，威瑞森电信公司把诚实视作一个基础，有了这个基础，威瑞森电信公司就能处理好与顾客、社区、股东之间的关系。

2. 尊重

威瑞森电信公司深信，尊重企业经营各个方面的每一个人员是一个关键的思想。威瑞森电信公司重视多样性，也乐于为个性化搭建发展的平台，并愿意仔细聆听他人所言。

3. 追求优秀的绩效表现

威瑞森电信公司坚持追求高水平的绩效表现，鼓励创新性的思想并鼓励团队合作共同进行创新性地探索，"我们从不会停止这样的追求，即持续地努力以帮助客户有更好的体验，且每天都能够找到满足客户需求的新方法"。

4. 责任

"我们要为我们的行动负责，无论是个人，还是团队成员，还是企业组织整体都要做到这一点。我们团结一致，相互支持，从不让我们的顾客失望。"

回顾一下威瑞森电信公司的价值体系可知，它们的主要内容包括"诚实"、"尊重"、"优秀的绩效表现"和"责任"。如果把四个主要内容与其行为准则的内容进行对接的话，可以分别从中找出相对应的设计。

该公司行为准则的第三、第四、第五、第六四个部分是这个行为准则的具体规定和主要政策，也是这个行为准则的主体内容。它涉及内部提升、公平和健康的工作环境，建构正直诚实和公平的发展平台，维护威瑞森电信公司的资产和声誉，以及在市场当中保持正直诚实和公平竞争等内容。其中最为核心的内容就是其公司领导人一再强调的"诚实"："如果概括威瑞森电信之路的话，诚实是我们公司的核心。"

第七个部分是一个结论（Conclusion）。

第八个部分是求助资料和联系方式。

6.3　JP 摩根大通的商业行为准则与行为文化

6.3.1　总体理念

JP 摩根大通对于行为准则和行为文化有其独到的理解，这种理解不仅仅注重行为准则的设计和行为文化的体现，而且还特别强调这种行为文化落地的方法。

如果你能够非常认真地读完 JP 摩根大通关于商业行为准则和行为文化管理的总体理念的话，那么关于行为文化与行为准则的一切最为核心的思想就可以知道了，而且如何去做你也能明白。我们之所以这样说，原因在于，我们认为 JP 摩根大通公司对于行为准则和行为文化的独到理解可以说是关于行为准则与行为文化的最为完美的注解。

以下就是 JP 摩根大通公司在这个方面所提出的总体理念：

"我们经常讨论的企业文化是很难清楚地进行界定的。对我们来说，企业文化就是公司的标准和我们企业员工行为之间的有机互动关系。

"通过我们规定的企业行动原则、员工行为准则和财务专业规定，可以为员工们的行为建立起系统的指导思想。但只是描述或向员工解释这些思想和标准是远远不够的，它们必须深深地根植于员工们的思想和价值观当中，并且需要对员工们不断地进行培训，以使它们得到强化并在员工的行动当中得到切实的体现。

"在过去的几年里，我们花费了大量的精力去测试如何进行严密和前后一致的工作才能把这种高要求的企业伦理标准落实到具体的工作和员工的行为当中，以满足我们的战略伙伴、管理者、其他希望我们这样做的人群，以及我们自己对这件事情的期望。这些努力包括：建立清楚的公司原则描述体系，确保内部管理的高效率和高层领导的始终重视，在过程当中强化领导与管理的力量，建立一个发展管理和补充管理的框架以鼓励员工们正确的行为，等等。综合这些措施，我们用心把企业文化（精神文化）和员工行为进行长期有效的对接以确保可以不断提高它们的相互作用。

"在这个过程当中，我们重点关注三个方面的工作：通过清楚的交流和沟通以在员工当中不断地强化公司的行为标准；通过强化领导与管理不断地在公司内部全面推广这些行为标准；把这些行为标准融入员工的全过程管理，从员工的招聘开始，到员工的雇用、培训、报酬、提升、训练等各个工作环节都要重视这项工作。"

6.3.2　JP 摩根大通行为准则的内容

JP 摩根大通的行为准则手册一共是 100 页，它的名字叫作 *How We Do Buiness*，意思就是"我们是如何做生意的"，这实际上也是一个报告，一个系统总结公司发展的全面报告。

在这个行为准则手册的第 1 页上是针对公司的一个整体介绍，即"Who We Are At A Glance"。在第二页上是公司领导人 James Dimon 的一个致辞，这个致辞我们将在第 7 章当中进行详细的解读。在第 3 页上是一个 TABLE OF CONTENTS，也就是接下来要展示的这个目录，目录当中列出了企业的主要行为准则，它又可以分成七个部分：第一个部分是情况介绍，第二个部分谈论的是公司的企业文化，第三个部分谈论的是内部控制，第四个部分谈论的是对顾客的承诺，第五个部分谈论的是与管理者、股东和社区之间的关系，第六个部分是继续努力的方向，最后一个部分是附录，其中还谈到了企业的商业原则，也就是我们前面所解读的著名的 JP 摩根大通 20 条商业原则。

TABLE OF CONTENTS

I. Introduction ·· 3

    Acknowledging our mistakes and moving forward ···················· 5

What we are doing to improve ·· 6

II. Our corporate culture ··· **7**

Communicating our corporate standards ····································· 10

Leadership and governance ·· 15

Our employee life cycle ··· 19

III. Our control environment ··· **25**

Enhancing governance ·· 28

First line of defense ·· 30

Control functions ··· 40

Internal Audit ·· 57

IV. Our customer commitment ·· **59**

Consumer & Community Banking ··· 61

Corporate & Investment Bank ·· 65

Commercial Banking ·· 68

Asset Management ··· 70

V. Our relationships with regulators, shareholders and communities ············· **73**

Regulators ··· 75

Shareholders ··· 78

Communities ··· 80

VI. A continuing effort ·· **83**

VII. Appendix ··· **87**

Our Business Principles ··· 89

Links to JP Morgan Chase information ·· 95

Report governance and project team ··· 96

该目录翻译成中文如下：

目　　录

一、引言 ··· 3

承认我们的错误和继续前进 ··· 5

我们正在做的改善 ·· 6

二、我们的企业文化 ·· 7

沟通我们的企业标准 ··· 10

领导与治理 ························· 15
我们员工的生命周期 ··············· 19

三、我们的控制环境 ················· **25**
加强治理 ·························· 28
第一道防线 ························ 30
控制功能 ·························· 40
内部审核 ·························· 57

四、我们的客户承诺 ················· **59**
消费者和社区银行 ················· 61
公司与投资银行 ··················· 65
商业银行 ·························· 68
资产管理 ·························· 70

五、我们与监管机构、股东和社区的关系 ··· **73**
监管机构 ·························· 75
股东 ····························· 78
社区 ····························· 80

六、继续努力 ······················· **83**

七、附录 ··························· **87**
我们的业务原则 ··················· 89
链接到 JP 摩根大通的信息 ·········· 95
治理报告和项目团队 ··············· 96

正如我们前面所说，JP 摩根大通的这个行为准则手册其实是一个报告，所以它的重点并没有全面介绍行为准则的规定和要求，而多是在谈论理念和成果。因此，我们对于这个公司的分析只在于理解它设计这样一个报告要达成的目标及其重点要强调的内容。经过对这个报告进行全面研究以后发现，我们要找的内容无需重新整理，它已经存在于这个报告的第一部分之中，也就是在"引言"里面已经有了很好的说明。除此之外，JP 摩根大通的具体行为准则也体现在公司的 20 条商业原则当中，这 20 条商业原则在前面第 2 章已经进行了分析，所以在这里就不再重复说明。

下面我们就看一下 JP 摩根大通关于企业行为准则的说明：

"JP 摩根大通已经服务顾客、战略合作伙伴和社会 200 多年了，自从公司成立之初就坚持着这样一个使命，对这个使命的最好描述来自公司的创始人 John Pierpont Morgan。他说，'我要强调的是任何时候我们的理念都是做第一流的公司，我们要有第一流的思想，并采用第一流的方式'。

"这个报告的目的就是要告知我们的战略合作伙伴和相关利益者们，我们是如何努力工作以实现这个企业使命的，这包括我们今天的工作和明天的方向，具体描述如下。

"我们总是寻求更好的方法以加强我们的企业文化，包括提高我们员工对于企业行为标准的了解水平和遵守意识，我们采取了众多步骤以加强我们的企业结构以使我们公司的领导可以在整个企业更好地坚持、体现和执行这些标准。

"我们的环境控制从我们的业务环节开始，由我们的控制功能和内部审计支持，我们为此在人员、政策和技术提升方面进行了投资以提高它的能力。

"我们正在以各种方式加强我们对于客户的承诺，包括提供给他们所需的产品和服务，更好地协调和简化我们的渠道，并使他们更容易与我们做生意。

"在其他措施中增强我们与监管机构、股东和社区之间的关系，增加透明度并提高定期参与的水平。"

6.4　马拉松原油公司的商业行为准则与行为文化

6.4.1　总体情况介绍

马拉松原油公司对于企业所坚持的商业行为准则是这样认识的：

"在我们所经营的任何地方都要致力于坚持较高的道德标准和行为准则，这种坚持不要停留在字面上，而应该体现于企业的精神当中。

"我们的商业行为准则是我们在遵守法律和坚持较高道德标准的基础上进行商业活动的产品，它可以加强我们对于企业价值观诸如信任、尊敬、自尊和诚实的理解，而这种理解又是我们正确作出决定的基础。

"在不断变化的商业环境当中，对我们的员工、供应商和股东而言，理解我们认真对待企业的商业道德行为是非常重要的，那是我们的原则。"

接下来就是马拉松原油公司行为准则手册的目录，由它可以反映公司行为准则的主要内容。

TABLE OF CONTENTS

Accountability and Responsibility

　Living Our Commitment

　Management Commitment and Responsibilities

　Corporate Governance and Internal Controls

Accountability and Responsibility

A Responsibility to Ourselves

Reporting Non-compliance

Responsibility to One Another

Dignity, Respect and Fairness

Diversity

Discrimination

Workplace Harassment and Violence

Safety and Health

Alcohol/Substance Abuse

Responsibility to the Public

Customers

Environment

Communities

External Communications

Responsibility to Shareholders

Protecting Company Assets

Protecting Our Good Name

Business Records and Communications

Confidential Information

Inside Information

Conflicts of Interest

Relationships

Meals, Gifts and Entertainment

Travel

Responsibility to our Business Partners

External Business Practices

Internal Business Partners

Marketing Practices

Purchasing Practices

Responsibility to Governments and the Law

The Letter and Spirit

Antitrust and Fair Competition

Anti-corruption Laws

Political and Lobbying Activities

Getting Help

Questions

Resources

Integrity Helpline

Reporting Illegal or Unethical Conduct

Policies and Guidelines

Our Values

该目录翻译成中文如下：

目　　录

问责制和责任

坚守我们的承诺

管理承诺和责任

公司治理与内部控制

问责制和责任

对我们自己的责任

报告不合规内容

相互的责任

尊严、尊重和公平

多样性

歧视

工作场所骚扰和暴力

安全与健康

酒精/药物滥用

对公众的责任

客户

环境

社区

外部交流

对股东的责任

保护公司资产

  保护我们的好名声

  业务记录和通信

  机密信息

  内幕信息

  利益冲突

  关系

  膳食、礼物和娱乐

  旅行

对我们业务合作伙伴的责任

  外部的商业行为

  内部业务合作伙伴

  营销实践

  采购实践

政府责任与法律

  信与精神

  反垄断与公平竞争

  反腐败法

  政治和游说活动

获得帮助

  问题

  资源

  诚信热线

  报告非法或不道德行为

  政策和方针

  我们的价值观

6.4.2 具体内容分析

  马拉松原油公司的行为准则手册在设计形式上与其他几个公司略有不同，首先在它的行为准则手册的第 1 页上有一个类似于"寄语"的内容，即 Language in our Code，然后在第 2 页上是公司领导人 Lee M. Tillman 的致辞，这个致辞的内容也被我们收进了第 7 章"美国企业家的经营管理理念"。这两个部分都没有被列入行为准则手册的正式内容，所以在行为准则手册的目录上也找不到这两个方面的题目。

在其正式内容当中主要谈论的是公司的责任，这些责任的对象和承担责任的主体包括员工、公众、股东、商业合作伙伴、政府和法律等，也就是说，马拉松原油公司的行为准则是基于企业的责任与义务出发的，这些责任的内容包括企业内部彼此之间的责任，对公众的责任，对股东的责任，对商业伙伴的责任，以及对政府和法律的责任，等等。

最后一部分是关于如何获得这个方面的指导和帮助。

6.5　波音公司的行为准则与行为文化

6.5.1　波音公司的行为准则

波音公司的行为准则只有一页纸的内容，它更像是一个承诺书，而且在这页纸的最后每个人都要签名。下面就是这页纸上的内容，大家可以欣赏一下，也可以越过去直接看一下我们的译文。

Boeing Code of Conduct

The Boeing Code of Conduct outlines expected behaviors for all Boeing employees. Boeing will conduct its business fairly, impartially, in an ethical and proper manner, in full compliance with all applicable laws and regulations, and consistent with the Boeing values. In conducting its business, integrity must underlie all company relationships, including those with customers, suppliers, communities and among employees. The highest standards of ethical business conduct are required of Boeing employees in the performance of their company responsibilities. Employees will not engage in conduct or activity that may raise questions as to the company's honesty, impartiality, reputation or otherwise cause embarrassment to the company.

As an employee of The Boeing Company, I will ensure that:

I will not engage in any activity that might create a conflict of interest for me or the company.

I will not take advantage of my Boeing position to seek personal gain through the inappropriate use of Boeing or non-public information or abuse my position. This includes not engaging in insider trading.

I will follow all restrictions on use and disclosure of information. This includes following all requirements for protecting Boeing information and ensuring that non-Boeing proprietary information is used and disclosed only as authorized by the owner of the information or as otherwise permitted by law.

I will observe fair dealing in all of my transactions and interactions.

I will protect all company, customer and supplier assets and use them only for appropriate company approved activities.

Without exception, I will comply with all applicable laws, rules and regulations.

I will promptly report any illegal or unethical conduct to management or other appropriate authorities (i.e., Ethics, Law, Security, EEO).

Every employee has the responsibility to ask questions, seek guidance and report suspected violations of this Code of Conduct. Retaliation against employees who come forward to raise genuine concerns will not be tolerated.

I have read the Boeing Code of Conduct and I do certify that:

I understand the Boeing Code of Conduct.

To the best of my knowledge, I am in compliance with the Boeing Code of Conduct.

I will continue to comply with the Boeing Code of Conduct.

译文大致如下：

波音行为准则

波音公司的行为准则概述了所有波音公司员工的预期行为。波音公司将公平、公正地以道德和适当的方式进行其业务活动，这些活动必须完全符合所有适用的法律和法规，同时还要符合公司的价值观。在进行业务活动时，诚信必须是建立与客户、供应商、社区和员工之间所有公司关系的基础。波音公司员工在履行其公司职责的过程中必须坚守道德商业行为的最高标准。员工如果不进行这样的行为或活动就会引致问题，它们就会对公司的诚实、公正和声誉带来负面的影响。

作为波音飞机公司的雇员，我将确保：

我不会从事任何可能会给我或公司产生利益冲突的活动。

我不会利用我在波音公司的地位去寻求个人利益，也不会通过不适当地使用波音公司非公开的信息去谋求私利。这其中包括不从事内幕交易。

我会遵守在信息使用和披露方面的所有限制。这包括遵守所有要求保护的波音信息，并确保非波音公司专有信息的使用和披露只有在获得授权或其他法律允许的情况下才能进行。

我会遵守公平的原则处理我所有的交易和互动。

我会保护所有的公司、客户和供应商的资产，并在公司批准的正常活动情况下使用它们。

毫无例外，我将遵守所有适用的法律、法规和规章制度。

我会及时向管理层或其他适当当局报告任何非法或不道德的行为。

每一位员工都有责任问问题，寻求指导并报告涉嫌违反此行为准则的行为。对前来提出对公司的真正担忧的员工进行报复是不被容忍的。

我已经阅读了波音公司的行为准则，并证明：

我了解波音公司的行为准则。

就我所知，我遵守了波音公司的行为准则。

我将继续遵守波音公司的行为准则。

6.5.2　承诺的文化与大声讲出来的理念

在波音公司，除了以上的行为准则以外，还有两个方面的行为文化，它们分别是"承诺"的文化和"大声讲出来"的理念。

其中关于"承诺"，它是这样认为的：

"遵守外部管理规定和内部强大的政策与程序，不仅可以让我们能够做正确的事情，而且还非常有利于我们未来的成功。为了确保这个领域的工作，我们就必须从公司的各个层面作出承诺并且要评估承诺的效果。其中，公司的高层领导们有责任去界定、分析、提出和明确关键的承诺事项，他们通过承诺与风险管理委员会去开展这项工作，而这项工作由分管内部控制的副总裁亲自领导。这样的监督与管理体系可以保证公司能够识别风险并确保一致性的行动以保持承诺的有效性，它同时还可以促进跨公司的讨论和支持积极的紧急的风险管理活动。作为主要领导的各级承诺管理者，他们必须全面地看待员工们的承诺并与员工们的承诺紧密地关联在一起，为此他们要接受各种各样关于承诺事情的培训以不断地提高他们在这个方面的管理能力。每年，各级管理者们会为他们各自的属下进行一个在线的承诺训练。在这个基础上，可以系统化地生成每一名员工的个性化的培训计划，以帮助他们完成各自绩效目标。波音公司利用这种面向未来的路径和方法去评估内部控制的有效性和实现各种承诺的过程。从公司的最高领导到最新引进的员工，只要是公司的成员就必须把信守承诺作为每一件要做和将做事情的核心要素。"

关于"大声讲出来"的理念，它是这样认为的：

"'大声讲出来'是我们建构开放的和负责任的行为文化的基础。在波音公司，我们深信，创建一个可以让员工们自由地提出问题，以及他们主要关切且不用担心会受到报复的环境对于强化开放性是十分有必要的，有了这种开放性就可以确保组织绩效的实现并不断地鼓励更伟大的创新。波音公司要制定有效的政策和稳定的工作程序以确保员工们能够提出他们的关切并寻求指导和帮助，他们为此可以采用各种方法，包括咨询地方的行为建议者，可以使用免费的长途电话，可以使用网络平台，可以公开提出，也可以不通报姓名。如果有人敢对正当的申诉行为进行报复，那是不能容忍的，他们必须受到处罚直至被开除离开公司。波音公司通过建立清晰的公司申诉和报告系统，以及对于报复的打击政策以促进员工们加强交流与沟通。各级管理者们也被要求在他们的所属团队里去鼓励'大声讲出来'的行为，为此可以借助委员会所提供的条件和资源，借此培育对话的环境并不断地提高公开性。作为公司'大声讲出来'之动力的一部分，管理者和员工们有一系列的模块可以作为团队补充的活动，它们强调大声讲的重要性，认真听的重要性和采取行动的重要性。电子卡片、邮箱电子卡，可以用于所有的员工认识同事们'大声讲出来'的内容，并可以借此展示领导力。"

第 7 章　美国企业家的经营管理理念

在中国企业当中，大部分人相信企业文化就是企业家文化，老板文化可以反映企业文化；在美国企业当中，也存在着这样的认识，即大部分的企业其主要的企业文化内容都是源自企业家的思想和信念，或是源自几代企业家思想和信念的不断积累和不断完善。企业家有文化则企业有文化，企业有文化则企业可发展，而世代企业家们如果能够一直使用企业文化进行管理则企业就可以一直发展下去，成为百年老店、二百年老店或是千年老店。

基于这样一个判断，我们收集了所研究的十家杰出公司当中八家公司的企业家信件和致辞，这八家公司分别是埃克森美孚石油公司、雪佛龙公司、威瑞森电信公司、JP 摩根大通、美国银行、马拉松原油公司、花旗集团和富国银行。从这些致辞当中除了可以看出这些企业家们所营造的企业文化氛围与所在企业的经营管理理念以外，还可以看出这些年薪在一两千万美元以上的商业大亨们对于所在行业的认识以及对于世界经济形势的看法。

针对本章我们共设计八节，每一节分为三个部分。首先第一个部分我们会介绍这些杰出公司掌门人的一个基本情况，主要介绍他们是谁，他们现在做什么，以及他们以前做过什么，仅此而已，至于他们的经营理念和管理思想将在后面两部分进行介绍和分析。因为这些企业家都是名动江湖的大人物，所以他们的简历也有众多的版本，而从他们公司网站上找到的关于他们的简历又实在是太长，所以我们最终还是没有使用这么详尽的介绍，而是改用路透中文网或者维基百科网上的英文原文资料。这些资料言简意赅，不会占用我们太多分析他们经营管理思想的笔墨。

其次我们会给出他们致辞或信件的原文，以供那些英文基础比较好的读者自行感悟他们讲话的精神。事实上，如果能够直接使用英文阅读可以帮助我们更准确地理解这些成功企业们的思想，而且不会因为语言的转换而发生失真的现象。不过对很多中国企业家而言，他们当中的很多人是没有时间去学习英文的，所以我们还是尝试把这些信件由英文翻译成中文，以供那些没有时间学习英文的读者们了解和学习这些世界顶级企业领导者的管理理念。只是我们所长毕竟非英语专业，因此在翻译的过程当中肯定存有纰漏，关于这一点敬请读者谅解。

最后，我们会针对这些信件与致辞作出我们的分析。在没有阅读我们的分析之前，读者也可以翻看前面所介绍的这些公司的企业使命、企业愿景、企业宗旨、企业价值观、企业的行为文化和行为准则，有了这些内容作为基础再理解他们的致辞就会变得非常容易，因为在他们的致辞当中多数内容还是围绕上述几个方面进行设计的。这也应和了我们开头所言，企业家文化必须反映企业文化，企业文化也必然会反映企业家文化。这同时也是我们把这个部分放在最后一章的目的所在，分析这些企业家们的致辞可以帮助我们全面回顾前面六章所介绍的内容，并把其中的一些内容联系起来做进一步的分析。此外，我们所做的分析不只是一种学者的观点，而且也是一种应用性的思考，或者说应用性的思考是我们解读这些致辞的关键。我们希望借助这种理解和思考能够为中国企业和中国企业的管理者们提供一点有意义的借鉴和参考，那是我们在这里也是在这本书当中最为主要的目的。

7.1　埃克森美孚石油公司的企业家致辞与经营管理理念

7.1.1　企业家 Rex W. Tillerson 的简介

　　Rex W. Tillerson 先生是埃克森美孚石油公司的董事长兼首席执行官，他 1975 年加入埃克森美孚石油公司，历任多种职务，从事过多种工作，是完全意义上的内部培养的领导者。在 2001 年，他已经做到高级副总裁的位置，2016 年 1 月他被选为埃克森美孚石油公司的董事长兼首席执行官。

　　前面我们在员工理念与员工管理部分已经说过，美国大公司比较注重从内部培养人才，各大企业针对未来领导者的培养都会制订详细和严格的计划，关于这一点，从 Rex W. Tillerson 的成长经历以及后面几位公司领导人的发展过程当中可以看得非常清楚。

7.1.2　相关致辞

　　因为埃克森美孚石油公司在 2014 年与 2015 年都是世界排名第二的企业，于所在的行业又是绝无争议的霸主，所以我们在这里主要分析其领导人 Rex W.

Tillerson 在两个方面的致辞，一个是他在企业公民报告上的致辞，另外一个是他在企业行为准则上的致辞。

下面我们先看一下他的第一个致辞的原文：

ExxonMobil's Corporate Citizenship Report details some of the work we do each day to provide the energy needed to improve standards of living throughout the world in a safe, ethical and environmentally and socially responsible manner.

Our employees share a commitment to safety, integrity, operational excellence and good corporate citizenship; they work every day to protect the environment, maximize benefits for the communities in which we work, and maintain a safe, secure and healthy workplace. By focusing on creating long-term benefits for communities, we are contributing to society's broader sustainability objectives, creating a more stable business environment and improved quality of life.

Ten years ago, this report first introduced Protect Tomorrow, today, a set of corporate-wide expectations to achieve superior environmental performance. This year's report is an opportunity to highlight many of our accomplishments over the past decade, while discussing the environmental and socioeconomic challenges we continue to face.

Meeting global energy demand

As outlined in ExxonMobil's Outlook for Energy: A View to 2040, energy demand has dramatically increased in recent years and will continue to grow by an estimated 35 percent from 2010 to 2040. Oil and natural gas will be essential to meeting the rising need, in conjunction with nuclear and renewable energy supplies. No matter the economic and geopolitical climate, we will maintain the safety, operational and ethical diligence that has driven ExxonMobil's success, so we can continue to provide the energy that is vital to progress. From the startup of eight new Upstream projects around the world to our ongoing developments in the Alaskan and Russian Arctic, we will continue our work to meet the increasing demand for energy.

Commitment to excellence

Our goal of Nobody Gets Hurt is at the heart of what we do every day. We are proud to be an industry leader in safety culture and performance, and in 2014 achieved our best-ever safety record. Examples of our safety leadership are included throughout this report.

We strive to reduce environmental impacts across the life cycle of our projects. In 2014, we worked extensively in locations such as Alaska, Australia, Qatar and Russia to protect the ecosystems and biodiversity near our sites. We continue to look for ways to reduce our greenhouse gas emissions, as well as our water and energy usage. We also engaged with local communities in countries around the world to enhance the social benefits from our operations. The case study about our work in Papua New Guinea illustrates our holistic approach to corporate citizenship.

Investing in the future

Managing the risks of climate change is an important responsibility for our business and society at large. We continue to take steps to improve efficiency, reduce emissions and contribute to effective long-term solutions to manage these risks. In 2014, we invested approximately $1 billion in research and technology development in areas that include existing and next-generation energy sources and products that can enable more efficient energy consumption.

By the end of 2014, we actively managed 7,200 acres of land for the benefit of wildlife, promoting environmental awareness in our workforce and local communities. We also work to remediate sites we are no longer using so they can be beneficially reused in the future.

To ensure the continuity of our operations, we place an emphasis on hiring local workers and providing them with the technical and leadership skills that can serve them throughout their careers. This approach also enables us to contribute to economic development in the countries where we do business.

We also continue to support a variety of long-term community investments. We fund initiatives that focus on science, technology, engineering and math (STEM) education, as well as the economic empowerment of women through our women's economic opportunity initiative, now in its 11th year. Advancements in these areas will benefit our society now and in the future.

我们试着把这个致辞翻译成中文，其大致意思如下：

埃克森美孚石油公司的企业公民报告详细地介绍了一些我们日常所做的工作，我们以安全的、道德的、注重保护环境和承担社会责任的态度所做的这些工作是为了提供所需的能源以提高整个世界的生活标准。

我们的员工共享一个安全、诚信、卓越运营和良好合作的企业公民的承诺，他们每天工作以保护环境并最大限度地为我们工作的社区谋求利益，我们在社区中为他们提供和保持一个安全和健康的工作场所。通过专注于为社区创造长期的利益，我们的存在将有助于社会的更广泛的可持续目标的发展，我们要做的就是为我们所在的社区创造一个更稳定的商业环境并提高这里人们的生活质量。

十年前，这个报告首次介绍了"保护明天和今天"这个应该采取的行动，它是一套企业范围内力求实现卓越环保性能的期望。今年的报告是一个很好的机会，它可以帮助我们回顾过去十年中的成就，并且讨论我们将继续面对的环境和社会经济的挑战。

我们将继续做的第一件事情就是满足全球的能源需求。

正如"埃克森美孚能源前景概述：展望 2040 年"所预估的那样，能源的需求在最近几年急剧增加并将在 2010～2040 年继续增长约 35%。在这个过程当中，石油和天然气依然还是满足日益增长的需要所必不可少的能源供应，它们将与核能和可再生能源一起满足人们的需求。无论经济和地缘政治气候如何变化，我们都将保持安全、良好操作、道德和勤奋的标准，过去正是它们促成了埃克森美孚石油公司的成功，所以我们还将继续以这种态度提供能源，它是进步与发展过程当中的关键。从我们在世界各地的八个新建上游项目，到我们即将启动的美国阿拉斯加州和俄罗斯北极的发展计划，我们将一如既往地从事我们的工作以满足世界不断增加的对能源的需求。

我们将继续做的第二件事情就是追求卓越的承诺。

我们的目标是在我们每天所做的一切事情当中没有任何人会受到伤害。我们做到了，我们在安全文化和安全性能方面已经很自豪地成为这个行业的领导者，并在 2014 取得了我们最好的安全纪录。我们安全领导的例子已经包括在本报告当中。

我们努力降低在我们项目的整个生命周期过程当中对环境的影响。在 2014 年，我们在美国阿拉斯加州、澳大利亚、卡塔尔和俄罗斯等诸多地方开展工作时，采取了保护我们邻近地区生态系统和生物多样性的措施。我们继续寻找方法来减少我们的温室气体排放，同时降低我们的水和能源的使用量。我们还与世界各地的地方社区合作，以我们的行动提高他们的社会效益。我们在巴布亚新几内亚的工作案例研究说明了我们可以成为企业公民的全面的方法。

我们将继续做的第三件事情是投资未来。

管理气候变化的风险是我们的商业和社会的一个重要责任。我们将继续采取措施以提高效率且减少排放，并致力于建立长期的解决方案，从而能够有效地管理这些风险。在 2014 年，我们于研究和技术开发领域投资了约 10 亿美元，研究和开发现有的和下一代的能源和产品，它们可以使能源消费变得更加有效。到 2014 年底，我们为保护野生动物的利益而积极管理了 7200 英亩①的土地，并且提升了我们员工和当地社区的环保意识。我们也努力修复我们不再使用的地方以便

---

① 1 英亩≈4046.9 平方米。

于它们可以在未来能够被重新利用。为了确保我们的行动的连续性，我们强调雇用当地工人，并为他们提供他们的职业生涯当中所需要的技术和领导能力，这些技能可以一生为他们服务。这种方法也使我们能够为我们开展业务所在国家的经济发展作出贡献。

我们还继续支持各种长期的社区投资。我们为专注于科学、技术、工程和数学教育的活动提供基金，以及通过我们的妇女经济发展机会来帮助妇女获得经济赋权，这件事情我们已经做了 11 年。在这些领域的进步将有利于我们社会今天的发展和可以更好发展的明天。

接着我们再看一下他的第二个致辞的原文，也就是他在其公司的企业行为准则上的致辞：

The high quality of the directors, officers, and employees of ExxonMobil Corporation is the Corporation's greatest strength. The resourcefulness, professionalism, and dedication of those directors, officers, and employees make the Corporation competitive in the short term and well positioned for ongoing success in the long term.

The Corporation's directors, officers, and employees are responsible for developing, approving, and implementing plans and actions designed to achieve corporate objectives. The methods we employ to attain results are as important as the results themselves. The Corporation's directors, officers, and employees are expected to observe the highest standards of integrity in the conduct of the Corporation's business.

The Board of Directors of the Corporation has adopted and oversees the administration of the Corporation's Standards of Business Conduct. The policies in the Standards of Business Conduct are the foundation policies of the Corporation. Wholly-owned and majority-owned subsidiaries of ExxonMobil Corporation generally adopt policies similar to the Corporation's foundation policies. Thus, the Corporation's foundation policies collectively express the Corporation's expectations and define the basis for the worldwide conduct of the businesses of the Corporation and its majority-owned subsidiaries.

The directors, officers, and employees of ExxonMobil Corporation are expected to review these foundation policies periodically and apply them to all of their work. The Corporation publishes from time to time guidelines with respect to selected policies. Those guidelines are interpretive and administrative and are not part of the Standards of Business Conduct. Any employee who has questions concerning any aspect of these policies should not hesitate to seek answers from management or the other sources indicated in the section below called "Procedures and Open Door Communication."

No one in the ExxonMobil organization has the authority to make exceptions or grant waivers with respect to the foundation policies. Regardless of how much difficulty we encounter or pressure we face in performing our jobs, no situation can justify the willful violation of these policies. Our reputation as a corporate citizen depends on our understanding of and compliance with these policies.

第二个致辞的大致意思如下：

埃克森美孚石油公司的董事、官员和职员们的高水平是公司最大的力量来源。董事、官员和职员们的智慧、专业和敬业使公司在短期内具有竞争性，同时还会帮助公司取得长期持续的成功。

公司的董事、官员和职员们负责制定、批准和实施了旨在实现企业目标的计划和行动。我们采用的追求结果的方法与我们要达到的结果是一样重要的。公司的董事、官员和职员们都被期望在进行公司业务当中能够遵守最高的诚信标准。公司董事会已经采用并监督使用公司的经营行为准则，企业行为准则当中所包含的政策是公司发展的基础政策。埃克森美孚石油公司的全资子公司和控股子公司也基本遵守类似于此的政策。公司的基础政策共同性地表达了公司的期望，它是公司及其所属控股子公司业务范围定义的基础。

埃克森美孚石油公司的董事、官员和职员被期望会定期检讨这些基础政策，并将其应用于所有的工作过程当中。公司会不时公布一些指导方针来选择政策方向，这些指引是解释性的和行政性的，不属于商业行为标准的一部分。任何针对这些政策的任何方面有问题的员工，都应该毫不犹豫地从管理层或其他来源去寻找答案，在下面的章节中我们称它为"开放式的交流和程序"。

在埃克森美孚的组织中，没有人有权力成为例外或获得豁免以违背基础政策。不管执行我们的工作时会遇到多少困难或压力，没有情况可以证明这些政策曾经受到过肆意的侵犯是合规的。我们作为一个企业公民的声誉取决于我们对这些政策的理解和遵守。

7.1.3 针对两个致辞的解读

针对第一个致辞进行解读，我们可以看出其中的重点就是在向世界宣扬埃克森美孚石油公司的一些核心理念与价值观，这些理念与价值观同样适用于我们中国此类型的企业，具体解读如下。

（1）埃克森美孚石油公司的核心理念与价值观包括四个方面，那就是注重安全、道德、环境保护和社会责任，它们不仅仅是企业发展的基础，而且是企业所在行业对于企业提出的要求，它们反映了企业所在行业的明确特点。依照其公司的理解可知，在这个行业当中发展的企业，谁能最好地体现这些特点，谁能最好地坚持这些价值观，谁就能发展得最成功，并且有可能成为行业当中的佼佼者甚至是最成功的领导者。基于他们的这个思想我们还可以进一步强调这样一个结论，那就是任何一个企业在设计其企业文化与企业价值观时都不能忽略公司所在行业的特点和要求，这同时也是我们设计一个企业之企业文化的起点。

（2）埃克森美孚石油公司的员工可以对社会提供这样一些承诺，这些承诺是对前面价值观的补充，它们是安全、诚信、卓越运营和良好合作，其中"诚信"是企业的核心价值观之一，也是前面所说的"道德"的具体表现。对所有的公司而言，能否守住"诚信"的底线是看这个企业是否有道德的一个重要判断标准。此外，埃克森美孚石油公司的企业宗旨除了针对员工方面的要求以外，还有针对环境和社区的义务，对于环境的义务就是进行保护，对于社区的义务就是为之谋求最大化的利益，这同时也是对其价值观的进一步说明。

（3）埃克森美孚石油公司的价值观要体现在具体的工作与行动当中，它的任务就是在坚持安全、良好操作、道德和勤奋的基础上为世界提供能源供应。在它看来，坚持这些价值观既是企业发展的动力，也是企业可以继续成功的关键。

（4）安全是埃克森美孚石油公司的第一价值观，也是这个行业的第一要求，为此，埃克森美孚石油公司的目标是，"在我们每天所做的一切事情当中没有任何人会受到伤害"。正是这种坚持，使得埃克森美孚石油公司成为行业当中安全文化和安全性能方面的领导者。

（5）除了坚持前面所说的四个核心价值观以外，埃克森美孚石油公司最为重视的就是面向未来的投资。为此，在这个致辞当中 Rex W. Tillerson 进行了大量的举例。比如，管理气候变化的风险，投资于研究和技术开发下一代能源和产品，保护野生动物，努力修复可以在未来能够重新被利用的土地，雇用当地工人，支持各种长期的社区投资，以及建立专注于科学、技术、工程和数学教育及帮助妇女的基金等。所有这一切也都是在强调埃克森美孚石油公司是一个注重安全、道德、环境保护和社会责任的企业。

纵观这个致辞，我们的第一感觉就是埃克森美孚石油公司对于自己核心价值观的坚持，而给我们的第二个感觉就是，一个能够始终坚持自己核心价值观的企业能在行业的发展过程当中取得令人瞩目的成就。

针对第二个致辞进行的解读给我们的感觉在于三个方面。

第一个方面是，埃克森美孚石油公司重视人的作用，认为智慧、专业、敬业的董事、官员和职员们是公司最大的财富，是他们帮助企业取得了短期的和长期的成功。这个思想在前文中已有多家企业曾经强调过，它们一致认为，"员工永远是企业竞争的最大优势"。关于这个方面的具体内容和具体细节可以参见第 4 章。

第二个方面是，埃克森美孚石油公司强调对于人的要求，认为公司的董事、官员和职员们都应该遵守最高的诚信标准，为此公司才制定了企业行为准则。而有了这样的企业行为准则以后就能培育公司想要的企业行为文化。关于这个方面的论述可以参见第 6 章的内容。

第三个方面是，埃克森美孚石油公司的企业行为准则适用于企业内部所有的机构和所有的人员，没有人有权力成为例外或获得豁免以违背它们。过去没有，今后也不允许有，因为"我们作为一个企业公民的声誉取决于我们对这些政策的理解和遵守"。

7.2　雪佛龙公司的企业家致辞与经营管理理念

7.2.1　企业家 John S. Watson 简介

John S. Watson 是雪佛龙公司的董事长和首席执行官,也是在公司成长起来的领导者。他从基层工作做起，通过一步一步的踏实和努力的工作逐渐走到了最高领导的岗位。在成为首席执行官之前，他在 2009～2010 年任公司的董事会副主席；在 2008～2009 年，他担任公司主管战略和发展的副总裁；从 2005～2008 年，他是美国公司国际勘探和生产公司的总裁；从 2001～2005 年，他在那个公司担任首席财务官；在 1998 年，他在那个公司被任命为副总裁，负责战略规划和兼并收购。而他的入职时间是 1980 年，在那一年里他加入了雪佛龙公司。

7.2.2 John S. Watson 在 2015 年年度报告上的致辞

这个致辞是 John S. Watson 于 2016 年 2 月 25 日在公司年度报告上的讲话，它的主要内容如下：

Our full-year 2015 net income was $4.6 billion, down from $19.2 billion in 2014. Our sales and other operating revenue were $129.9 billion, down from $200.5 billion in 2014. We achieved a 2.5 percent return on capital employed versus the 10.9 percent achieved in 2014.

In light of difficult market conditions, we took significant actions to reduce costs and improve net cash flow. We reduced capital and operating expenses by $9 billion through renegotiating contracts with vendors and suppliers, streamlining organizations to reduce our employee and contractor workforce, deferring and canceling projects not economic at low prices, and selling $6 billion in nonstrategic and other assets.

We had a number of notable accomplishments during 2015. Our Upstream business, which is responsible for exploration and production, increased worldwide net oil-equivalent production by 2 percent, to 2.6 million barrels per day. We started up the Lianzi Field, located in a unitized offshore zone between the Republic of Congo and Angola; Moho Nord, our deepwater development offshore the Republic of Congo; Agbami 3, off the coast of the central Niger Delta region; and Chuandongbei, our natural gas field in southwest China, which initiated production in early 2016. In addition we ramped up Jack/St. Malo and Tubular Bells in the U.S. Gulf of Mexico. Also significant progress was achieved on our major capital projects, including Gorgon, our largest Australian liquefied natural gas (LNG) project, and Wheatstone LNG as they move toward start-up in 2016 and mid-2017, respectively.

We added approximately 1 billion barrels of net oil-equivalent proved reserves in 2015. These additions equate to approximately 107 percent of net oil-equivalent production for the year. Significant reserves were added from the Permian Basin in the United States and the Wheatstone Project in Australia. In our exploration program, we successfully drilled an appraisal well of our Anchor discovery in the deepwater Gulf of Mexico.

Our Downstream and Chemicals business, which is responsible for our refining, marketing and chemical manufacturing, had an outstanding year. This business maintained reliable operations, benefited from lower feedstock costs and realized efficiencies gained by the reshaping of our portfolio in recent years.

2015 was one of our best years in overall health, environment and safety performance and our best year ever in preventing significant incidents. Our Days Away From Work Rate and Motor Vehicle Crash Rate set new record lows, and our Total Recordable Incident Rate and petroleum spill volume matched last year's record lows.

We also continued our support of the communities in which we work. This past year we advanced our strategic programs and partnerships, with more than $233 million in global social investments. We focused these investments in three core areas — health, education and economic development — to improve access to health care, develop skilled workers, and boost local and regional economies. These social investments complement our investments in projects and local goods and services, creating jobs and generating revenues for the communities where we operate. More details are available in the *2015 Corporate Responsibility Report*.

I am proud to note that 2015 marked the 28th consecutive year that we increased the annual per-share dividend payout. Our top financial priority remains maintaining and growing the dividend as the pattern of earnings, cash flow and balance sheet strength permits. Our year-end debt ratio was a comfortable 20.2 percent.

Looking ahead, we announced a 2016 capital and exploratory budget of $26.6 billion, which is 22 percent lower than our expenditures for 2015 and 34 percent lower than 2014. This capital budget will enable us to complete and ramp up projects under construction, fund high-return, short-cycle investments, preserve options for viable long-cycle projects, and ensure safe, reliable operations.

The focus of the enterprise in 2016 will remain on our five key priorities — safely starting up projects under construction and realizing the cash flow from them, lowering capital spending, reducing operating expenses, completing our divestment program for assets that have greater value to others than to us, and doing all this while continuing to operate safely and reliably.

Our company's products provide the energy that is critical for economic progress. We are well positioned to meet growing demand in a safe and responsible manner.

In all we do, we are guided by The Chevron Way. This roadmap underpins the character of our company and establishes the values by which we deliver our results. I am confident that our company and our employees have what it takes to meet the challenges of the current business environment and achieve our vision of being the global energy company most admired for its people, partnership and performance.

Thank you for your confidence and your investment in Chevron.

我们尝试着把这个致辞翻译如下，其中有很多的术语以及专有名词可能会让我们的翻译不是那么精准，但是其所要表述的也是我们所看重的经营与管理的理念和精神可以在此全面地展现：

我们在 2015 年全年的净收入为 46 亿美元，与 2014 年的 192 亿美元相比大幅下降；我们的销售收入和其他营业收入为 1299 亿美元，与 2014 年的 2005 亿美元相比大幅减少；我们在今年虽然实现了 25% 的资本回报率，但却远不如 2014 年的 10.9%。

在困难的市场条件下，我们采取了重要的行动以降低成本并提高净现金流量。这些措施包括：我们通过再次与卖方和供应商谈判降低了资本和运营支出约计 90 亿美元；我们精简了机构，裁减了员工和合同雇工；我们推迟和取消了在较低的价格之下并不经济的项目；并且出售了 60 亿美元的非战略性和其他资产。

在 2015 年期间，我们也有一些显著的成就。

我们负责勘探和生产的上游业务，把世界各地的净石油当量产量增加了 2%，增加到了 260 万桶；我们创建了位于刚果共和国和安哥拉之间联合近海区的链子（Lianzi）项目；我们在刚果共和国的海上深水区开发了默好诺德（Moho Nord）项目；我们在尼日尔三角洲中部海岸附近区域启动了阿哥巴米（Agbami）3 号项目；我们在中国西南地区的天然气田"川东北"于 2016 年初开始生产；此外，我们还增加了在美国墨西哥湾的两个项目。

我们主要的资本项目也取得了重大的进展，这包括我们在澳大利亚最大的液化天然气（LNG）项目，它在 2016 年启动；以及惠斯通液化天然气项目（Wheatstone）LNG 也将在 2017 年中启动。

我们在 2015 增加了约 10 亿桶的净石油当量探明储量，这些增加量等同于过去一年约 107% 的净石油当量产量，可观的储量来自美国的二叠纪盆地和澳大利亚的惠特斯通项目。在我们的勘探计划中，我们成功地钻探了在墨西哥深水湾发现的一口评价井。

我们负责炼油、市场和生产化学用品的下游和化工产业也有突出的表现。这些业务保持了可靠的运营，受益于较低的成本，它们提供了较高的收益，在近几年重塑了我们的业务组合。

2015 年是我们在健康、安全和环境方面表现最好的一年，在这样好的一年里我们也防止了重大事故的发生。在安全率和机动车辆事故率方面都创下了新低，我们的总可记录事故率和石油泄漏量与去年一样再创纪录低点。

我们继续支持我们工作于其中的社区发展。在过去的一年里，我们继续推进我们的战略计划和合作伙伴关系，在全球进行了超过 2.33 亿美元的社会投资。这项投资的重点分布在三个领域，即健康、教育和经济发展。借此提高了保健水平，发展了员工的技能，促进了地方和区域经济的繁荣。这些社会投资为我们对投资项目和当地的商品和服务的投资做了补充，创造了就业机会，为我们运营的社区贡献了收益。更多的细节可见我们的《2015 年企业责任报告》。

我很自豪地指出,2015 年标志着我们连续 28 年增加了每年的每股股息支出。我们的首要财务事项仍然是保持并不断增加股息，当收入、现金流量，以及我们的资产负债表实力允许的时候。我们的年终负债率是一个理想的 20.2%的水平。

展望未来，我们提出了 2016 年的资本和探索性预算为 266 亿美元，这比 2015 年低出 22%，比 2014 年低出 34%。资本预算将使我们完成和增加在建项目，为高回报率的短周期投资提供资金，为长期循环项目保留优先权，并且可以确保安全和可靠的操作。

2016 年我们企业发展的重点将继续坚持五个重点优先事项：安全启动在建项目并保证它们的现金流量，降低资本支出，降低运营费用，完成我们的资产剥离计划让它们归属于认为它们有更大价值的人，继续安全和可靠地运营这一切。

我们公司的产品提供的能源是经济发展的关键，我们有很好的定位，以一种安全和负责任的方式来满足不断增长的需求。我们所做的一切都将由雪佛龙之路引领，这个路线图是我们公司的特点，它为我们建立了价值观，通过它们可传递我们的结果。

我相信我们的公司和我们的员工有可以胜任目前商业环境的挑战，并能够实现我们的愿景，使我们的企业成为最受人钦佩的全球能源公司、合作伙伴，可以有最好的绩效表现。

最后，感谢你们对雪佛龙公司的信任和投资。

7.2.3 针对 John S. Watson 致辞的解读

John S. Watson 在这个年度报告上的致辞全面回顾了公司在 2015 年所经历的困难和取得的成就，并把它们分别与 2014 年进行了对比，然后又在这个基础上对 2016 年的工作进行了部署和展望，这其中的细节我们就不再重复，我们在此要看重的并且需要强调的内容包括三个方面，这三个方面分别对应着雪佛龙公司的企业价值观、企业责任和企业使命。事实上在 John S. Watson 这个致辞当中所包含的内容并不止于此，而我们认为最值得借鉴的就是这家企业对于这三个方面的坚持和看重。

（1）雪佛龙公司无论面对的环境变化有多么剧烈，公司的发展是处于顺境还是逆境，它都能够始终如一地坚持自己的价值观。试举一例：在雪佛龙公司的七个价值观当中，排在第六位的是人与环境优先，即"我们把工作环境的健康和安全以及保护环境和财产置于最优先考虑的地位"。而相应对于这个价值观的坚持让它在 2015 年于健康、安全和环境方面取得了出色的成就。"在安全率和机动车辆事故率方面都创下了新低，我们的总可记录事故率和石油泄漏量与去年一样再创纪录低点。"

（2）雪佛龙公司对于企业责任的重视。"我们继续支持我们工作于其中的社区发展，在过去的一年里，我们继续推进我们的战略计划和合作伙伴关系，在全球进行了超过 2.33 亿美元的社会投资。这项投资的重点分布在三个领域，即健康、教育和经济发展。借此提高了保健水平，发展了员工的技能，促进了地方和区域经济的繁荣。这些社会投资为我们对投资项目和当地的商品和服务的投资做了补充，创造了就业机会，为我们运营的社区贡献了收益。"

（3）雪佛龙公司对于企业使命的坚持。它的企业使命是，"我们的成功源自我们的员工和他们的承诺，以及用正确的方式去追求结果，这种方式的要求就是负责任地运营，高效率地执行，充分利用创新性的技术，并且为更有利的增长捕捉最新的发展机会。我们的企业使命要求我们：在全世界为了经济的可持续发展和人类的进步提供安全的必需的能源产品；做有能力的员工和有能力的企业并且信守承诺；善于作出正确的选择；要赢得投资人、顾客、政府、地方社区和员工们的赞赏，这不仅仅体现在我们要实现的目标上，还要包括于我们实现目标的过程当中；展现世界一流的绩效水平"。为了实现这样的企业使命，"公司对于 2016 年的工作安排是将继续坚持五个重点优先事项：安全启动在建项目并保证它们的现金流量，降低资本支出，降低运营费用，完成我们的资产剥离计划让它们归属于认为它们有更大价值的人，继续安全和可靠地运营这一切"。此外，还强调"我们公司的产品提供的能源是经济发展的关键，我们有很好的定位，以一种安全和负责任的方式来满足不断增长的需求。我们所做的一切都将由雪佛龙之路引领，这个路线图是我们公司的特点，它为我们建立了价值观，通过它们可传递我们的结果"。

7.3　威瑞森电信公司的企业家致辞与经营管理理念

7.3.1　企业家 Lowell C. McAdam 简介

Lowell C. McAdam 先生是威瑞森电信公司的董事长兼首席执行官，自 2012 年以来他一直担任这个职务。在成为首席执行官之前，Lowell C. McAdam 先生在公司内部担任过很多不同的职位，如威瑞森电信公司的总裁兼首席运营官，在威瑞森电信无线公司担任总裁兼首席执行官以及副总裁兼首席运营官，等等。

他在企业中的成长过程与前面两位企业家一样，都是这些大公司注重内部提升理念和强调员工培养的结果。

7.3.2　Lowell C. McAdam 在其公司的企业行为准则上的致辞

Dear colleague,

In the words of the Verizon Credo, integrity is at the core of who we are. It's one of our foundational values and a crucial factor in establishing the trust that underlies our relationships with customers, suppliers and colleagues. For us to be successful in the digital marketplace, we must make sure the Verizon brand is synonymous with trust, integrity and the highest of ethical standards.

Each of us is accountable for living up to these high standards every day, in all our actions. In a complex business environment, however, it is not always obvious what the right course of action is. That's why we have the *Verizon Code of Conduct* as a resource on ethical business practices. Together with the Credo, the *Code of Conduct* is a guide for navigating the kinds of business situations we confront every day and arming us with the tools we need to make good decisions as we do our jobs.

I urge you to review the Code thoroughly and discuss it with your co-workers. Of course, no one document can cover every situation that will arise in the course of your job. Therefore, you can and should take up any questions or concerns with your supervisor, your Human Resources representative, the Ethics Office or the Legal Department.

You and I are responsible for Verizon's reputation. I know I can count on you to put integrity and ethical business practices at the center of what you do.

我们现将以上英文大致翻译为如下译文。

亲爱的同事们：

如果概括威瑞森电信之路的话，诚实是我们公司的核心。它是我们的基础价值观之一，也是我们可以与顾客、供应商和我们的同事们建立信任关系的关键要素。为了我们能够在数字市场当中取得成功，我们必须确保把威瑞森电信公司的品牌与信任、诚实和最高的道德标准关联在一起。

我们每一个人在每一天的每一个活动当中都有责任坚守这些高标准的道德要求。然而在一个复杂的商业环境当中，正确的活动过程到底应该是什么并非总是那么清楚，所以我们要在伦理商业实践中把《威瑞森行为准则》看作是我们行动的源泉。与威瑞森电信之路一起，《威瑞森行为准则》可以引导我们每天面对各种各样的商业形势，并为我们提供所需工具以帮助我们在日常工作里作出最好的决策。

我要求你们全面学习行为准则并且与你的同事们共同讨论。当然，没有一个文件可以全面覆盖你工作过程当中出现的每一种情况，所以你能够也应该向你的主管、人力资源代表、道德办公室或法律部门提出你的问题和担心。

对于威瑞森电信公司的声誉，你和我，我们都负有责任。我知道我可以信赖你们能够把诚实和伦理商业实践置于你们所做事情的中心。

7.3.3 针对 Lowell C. McAdam 致辞的解读

在前面分析"行为文化与行为准则"的时候我们曾经展示过他的这个讲话，也说过他的这个讲话是《威瑞森行为准则》的八个部分内容之一，是对《威瑞森行为准则》的概括性介绍。

Lowell C. McAdam 先生的这个致辞比较简短，从中我们可以借鉴的地方有两个方面。

第一，通读这个致辞，我们知道 Lowell C. McAdam 先生首先强调的是其公司的第一核心价值观，也就是"诚实"，在其公司的价值观系当中是这样看待"诚实"的："诚实是我们做任何事情时都要坚持的核心品质，我们诚实、正直、坚守道德信念，我们把诚实视作一个基础，有了这个基础我们就能处理好与我们的顾客、社区、股东之间的关系。"了解了威瑞森电信公司这样一个价值观以后，你就知道为什么 Lowell C. McAdam 先生在致辞的开头会说这样一些话。同时这也证明，作为公司领导人，他无论在什么场合、什么时间都有责任和义务宣扬和强调自己企业的核心价值观。

第二，除了强调"诚实"的价值观以外，我们知道 Lowell C. McAdam 先生的这个致辞是为《威瑞森行为准则》写的一个导语，所以在第二部分他要陈述的重点就是强调行为准则对于公司业务的开展为什么重要，"在一个复杂的商业环境当中，正确的活动过程到底应该是什么并非总是那么清楚，所以我们要在伦理商业实践中把《威瑞森行为准则》看作是我们行动的源泉"。事实上，这也是众多公司制定行为准则的主要原因。尽管在前面一章我们说制定行为准则是为了帮助公司培养良好的行为文化，可是培养良好的"行为文化"又是为何呢，其所追求的结果当然也是帮助企业的员工们正确地做事情，尤其是在复杂的商业环境当中坚持用正确的方式去做正确的事情。

7.4　JP 摩根大通的企业家致辞与经营管理理念

7.4.1　企业家 James Dimon 简介

出生于 1956 年 3 月的 James Dimon 是一个非常传奇的人物，他被称为华尔街的天才。他现在是美国四家最大银行之一的 JP 摩根大通公司的董事长、总裁兼首席执行官，之前他曾在纽约联邦储备银行董事会任职。James Dimon 在 2006 年、2008 年、2009 年和 2011 年连续被《时代周刊》列为世界上最有影响力的 100 人。在 2008～2011 年，他被机构投资者评价为最佳首席执行官。

7.4.2　James Dimon 在《我们是如何从事商业活动的报告》上的致辞

We are pleased to share *How We Do Business — The Report*, which describes how we do business, actions we've taken to address recent challenges and what we're doing to improve. This report was initiated in response to a request by a shareholder group led by The Sisters of Charity of Saint Elizabeth.

The report details the many large-scale efforts and investments we've made to strengthen our control environment through enhancements of our infrastructure, technology, operating standards and governance. It also describes our commitment to our customers, as well as our relationships with regulators, shareholders and the communities in which we live and work. Perhaps most important, we talk about our people and our culture. We describe how we've re-articulated and re-emphasized our corporate standards and what we're doing to help ensure that our employees internalize these values and focus on them every day. In that sense, the report is a companion piece to our Business Principles, which were published earlier this year (and are summarized in this report). Those Business Principles focus on exceptional client service; operational excellence; a commitment to integrity, fairness and responsibility; and cultivation of a great team and winning culture. They emphasize the importance of being a good corporate citizen and always trying to do the right thing.

While we're proud of what we do to serve our clients, contribute to our communities and earn a fair return for shareholders, we also know that we always can do better. Every company makes mistakes (and we've made a number of them), but the hallmark of a great company is what it does in response. We are steadfast in our commitment to learn from the past and to emerge as an even better company. I encourage you to read this report to learn more about the kind of company we are and how we're working hard to be better each day.

这个致辞大意如下：

我们很高兴分享《我们是如何从事商业活动的报告》这份文件，这个报告描述了我们是如何做生意的，我们是如何采取行动以解决最近挑战的，以及我们正在做哪些方面的改进。

这个报告是为了响应一个由圣伊丽莎白慈善机构的姐妹们领导的股东小组发起的请求而做的。

报告详细介绍了为了加强我们的控制环境我们已经作出的许多大规模的努力和投资，包括增强我们的基础设施、技术、运营标准和管理。它还介绍了我们对客户的承诺，我们与监管机构、股东、社区以及我们的生活和工作的关系。

也许最重要的是，我们谈到了员工和我们的文化。我们描述了如何重新阐述并再次强调我们的企业标准和我们正在做的事情来帮助确保我们的员工可以接受这些价值观并关注它们每一天。从这个意义上说，这份报告是我们商业原则的一个伙伴，这些原则在今年早些时候被发表并总结在了这份报告中。这些原则关注卓越的客户服务；重视杰出的运营；强调对于诚实、公平和责任的承诺；努力培育一个伟大的团队及争赢的文化。它们强调的是做一个好的企业公民，并且要坚持一直做正确的事情。

虽然我们自豪于我们已经为客户所做的服务，为我们的社区所作出的贡献，以及为股东所赢得的公平回报，但是我们也知道，我们总是可以做得更好。

每个公司都会犯错误，而我们事实上也犯了很多错误，但一个伟大公司的标志是它对于错误的反应。我们坚定自己的承诺，从过去当中学习并且发展成为一个更好的公司。

我鼓励你们阅读这份报告，这样你就可以了解我们是一家什么样的公司，以及为了更好的每一天我们都在做什么。

7.4.3　针对 James Dimon 致辞的思考

James Dimon 是一个绝对的商业大亨，对于他的致辞我们只能是学习和理解，不敢妄加评论。但是对于内含于他这个致辞当中的思想，我们还是可以做一番梳理的，如果没有这种梳理的过程我们就不知道应该从何学起。通过梳理他的这个致辞可得如下几个要点。

（1）不是所有的企业都能够把他们是如何做生意的写成报告，并对内和对外公开。一方面可能是没有想到要这么做，另一方面也可能是没有信心和底气这么做。而我们看了 James Dimon 这个致辞，尤其是看了他这个报告的内容以后可以得出一个结论，那就是没有什么事情是不可公开的，也没有哪家公司不需要对自己是如何做生意的进行认真的思考、详尽的总结并将它公之于众，至少是可以在企业内部进行全面的公开。对内的公开可以指导员工更好地工作，对外的公开可以更好地宣传企业，何乐而不为呢。

（2）即便一个企业不愿意设计一个报告以阐述自己是如何做生意的，但是它至少应该经常反问自己三个方面的问题，那就是：我们是如何做生意的；我们是如何采取行动以解决最近挑战的；我们正在做哪些方面的工作改进。

（3）如果一个企业想设计一个报告去总结自己是如何做生意的，或者只是想总结一下自己是如何做生意的和应该如何更好地去做生意，那么这样一些内容应该包括在他们的思考范围之内，那就是："我们"的努力和投资，"我们"的基础设施、技术、运营标准和管理，"我们"对客户的承诺，"我们"与监管机构、股东、社区以及"我们"的生活和工作的关系，"我们"的员工和"我们"的文化，等等。这不是全部的内容，但应该是主要内容的一部分。

（4）James Dimon 在他的这个致辞当中又一次提到了 JP 摩根大通的商业原则，这 20 条商业原则初次给我们的印象就是震撼，继而是推崇，然后就是我们不遗余力地向企业家们进行推荐。我们不知道这 20 条商业原则是不是由 James Dimon 先生本人总结的，如果是那样的话，我们会更加地敬佩这个企业家。这 20 条商业原则在 JP 摩根大通的网站上单独出现过，而且也被编入了 James Dimon 先生所致辞的这个报告里，由此也可以看出 JP 摩根大通公司对于这些商业原则的重视。

（5）读完 James Dimon 先生的这个致辞，给我们留下深刻印象的还有这样两句话，第一句是"虽然我们自豪于我们已经为客户所做的服务，为我们的社区所作出的贡献，为股东所赢得的公平回报，但是我们也知道，我们总是可以做得更好"。"我们总是可以做得更好"既是鼓励所有员工继续努力的最好指导思想，也是对于自己不可满足于现状的最好提示。

第二句是"每个公司都会犯错误，而我们事实上也犯了很多错误，但一个伟大公司的标志是它对于错误的反应。我们坚定自己的承诺，从过去当中学习并且发展成为一个更好的公司"。分析这句话又可以得到三点启示：第一，无论是一个人，还是一个公司，只要犯了错误就要承认，只有承认错误才能有机会改正错误；第二，界定一个伟大公司的标志不只是要看它取得了多少成功，而且还要看它对待错误甚至是失败的看法。犯了错误而不肯承认的公司，无论它曾经取得多少成功都称不上伟大和杰出；第三，改正错误的最好方法就是从所犯错误当中学习。

7.5　美国银行的企业家致辞与经营管理理念

7.5.1　企业家 Brian T. Moynihan 简介

Brian T. Moynihan 先生是美国银行的董事长、总裁兼首席执行官。自 2010 年 1 月起他担任董事长兼首席执行官，之前他曾经在不同的行政领导岗位上担任重要职务，包括消费者和小企业银行业务总裁，全球银行业和全球财富管理部门总裁，全球企业和投资银行总裁，全球财富与投资管理总裁。

7.5.2　Brian T. Moynihan 的致辞

Our purpose is clear. We are here to make the financial lives of those who do business with us better. Better by listening to our customers and clients, and connecting them to the financial solutions they need. And, better by connecting across our company to deliver those solutions.

Over the past three years, we've strengthened our foundation and now have record level capital and liquidity. We've put behind us many of the issues that arose as a result of the economic downturn and were obscuring the promise and potential of our company. And, we've narrowed our focus to concentrate on the businesses and services that matter most to the three customer groups we serve—people, companies and institutional investors.

With the capabilities we have in place, we can do more than any other company to help our customers and clients realize their financial goals. **For people**, we deliver products and services in a targeted way that takes into account each customer's relationship and preferences—whether you are a checking account holder, small business owner or new home buyer. **For companies**, we support the financing and advisory needs of commercial and investment clients across the world. **For institutional investors**, we provide sales and trading capabilities and research expertise to clients in more than 100 countries. And, through our philanthropy and volunteerism, Bank of America is donating resources, time and energy to support the communities where we live and work.

These are just a few examples of how our common values and operating principles are guiding employees to deliver on our purpose every day. I encourage you to learn more by reviewing our Annual Report to Shareholders and Global Corporate Social Responsibility Report.

Thank you for your interest in Bank of America.

他的致辞大意如下：

我们的目的是明确的。我们在这里是为了让那些和我们做生意的人的金融生活更好。我们会更好地倾听我们的客户和顾客，并将他们连接到他们需要的金融解决方案上。而且，要让他们通过连接我们的公司来获得这些解决方案。

在过去的三年中，我们加强了我们的发展基础，而且现在我们有了创纪录的资本和流动性。我们已经摆脱了很多由于经济衰退而引致的问题，我们重拾被遮蔽的承诺和公司的潜力。而且，我们已经缩小了我们的发展重点，把它们集中在最重要的三个客户群体上，那就是个人、公司和机构投资者。

借助我们的能力我们可以做得比任何其他公司都多，从而可以帮助我们的客户和顾客去实现他们的金融目标。

对于个人，我们以有针对性的方式去提供产品和服务，这些产品和服务会考虑到每一个客户的关系和喜好——无论你是一个支票账户持有人，还是小企业主或新家庭买家。

对于公司，我们支持世界各地的商业和投资客户的融资和咨询需求。

对于机构投资者，我们为 100 多个国家的客户提供销售和交易能力支持以及研究知识。而且，通过慈善和志愿服务我们会捐赠资源、时间和精力来支持我们生活和工作的社区。

这还只是利用我们共同的价值观和经营原则指导员工每天为了我们的目标而努力工作的很少的一些例子，我鼓励你们通过我们给股东的年度报告和全球企业社会责任报告进行更多的了解。

感谢你们对美国银行的兴趣。

7.5.3　针对 Brian T. Moynihan 致辞的解读

想要理解 Brian T. Moynihan 先生在年度报告上的这个致辞，只要回顾一下美国银行的企业使命和企业宗旨就可以了，美国银行的企业使命是：

"我们是美国银行，一家帮助金融生活更美好的银行。我们把消费者、客户、社区和战略合作伙伴连接在一起，然后利用这种结合的力量使金融生活变得更美好。"

美国银行的企业宗旨是：

"美国银行被这样的宗旨所引导，它帮助我们明确如何去管理这家公司以及如何为消费者和顾客提供他们所需要的金融需要。首先是顾客驱动，我们工作中一个非常清楚的目标就是帮助个人、公司和机构能够获得更好的金融服务。我们倾听顾客的需求，把它们与我们的公司连接起来并为他们传递解决的方案。我们强调使顾客的交流更容易，我们的专家更方便为他们服务，我们之间的关系更加友好。而且，当我们不断取得成功的时候，我们会将之与供应商、我们所在社区和战略合作伙伴进行分享。其次是为员工提供优越的工作场所。美国银行努力成为一个吸引人才的地方；在这里们我们强调团队合作以取得成功；在这里每一个人都是负责任的和有能力的，他们可以为我们的消费者和顾客提供正确的选择。在这里，每一人都会受到尊重，每一个具有多样化背景的人都能够取得成功；在这里，每一个员工都可以尽情地释放其潜能。再次是管理风险。为了更加有效地管理风险，我们的公司必须变得更加强大，以帮助我们的消费者和顾客一如既往地实现他们的目标，使我们的战略合作伙伴可以一如既往地得到他们的回报。我们在各个方面强化训练以提高我们管理风险的能力，每一名员工都肩负着参与风险管理的责任。再次是进行卓越管理。最后是不断地向战略合作伙伴传递价值与回报。"

回顾美国银行的企业使命和企业宗旨以后，再回头看一下 Brian T. Moynihan

先生在年度报告上的这个致辞，又可以验证我们前面在分析威瑞森电信公司 Lowell C. McAdam 先生在《威瑞森行为准则》上的致辞时所得出的结论，"作为一个公司的总裁无论在什么场合、什么时间都有责任和义务宣扬和强调自己企业的核心价值观"。同样，"作为一个公司的总裁无论在什么场合、什么时间都有责任和义务宣扬和强调自己企业的企业使命和企业宗旨"。只有如此才能突显企业文化在企业经营与管理过程当中的作用，也只有如此才能确保一个公司可以成为杰出的企业。

7.6　马拉松原油公司的企业家致辞与经营管理理念

7.6.1　企业家 Lee M. Tillman 简介

Lee M. Tillman 先生为马拉松原油公司的董事会成员、总裁兼首席执行官。在加入马拉松原油公司之前，他曾担任埃克森美孚开发公司的工程副总裁，在那里他负责全球所有工程人员从事重大项目概念的选择、前端设计与工程。除此之外，他还担任过埃克森美孚北海公司的生产经理以及副总裁。他是美国石油研究所、美国勘探与生产委员会和大休斯敦伙伴关系的董事会成员，休斯敦大学能源咨询委员会和得克萨斯农机大学的化学和工程咨询委员会的成员。他也是美国国家石油委员会和石油工程师学会的一员。

7.6.2　Lee M. Tillman 在行为准则上的致辞

Dear colleague,

Integrity is not new to Marathon Oil. Our commitment to do business honestly and fairly began long ago and continues today. In the years to come, we may change many things. We will enter new regions, markets and businesses, and we may leave some others. Through any and all changes, one responsibility must remain the same: to act with integrity.

A reputation for integrity is one of the most important assets any individual or company can possess. Our good reputation has been created over lifetimes, but it can be destroyed by a single unethical or thoughtless act. That's why it is vital that each and every one of us make a personal commitment to uphold the highest level of ethics and business integrity.

This Code of Business Conduct is important. It applies to us. It applies to you. It applies to every individual who works for Marathon Oil or represents our good name.

Our Code of Business Conduct will not resolve or answer every question that you have. When it does not, let your good judgment be guided by the principle of always doing the right things for the right reasons. You can also raise questions and concerns about the Code of Business Conduct with your manager, Business Integrity Office, or via the Integrity Helpline. Open and honest communication up front will prevent many problems later.

Integrity will help us compete successfully in everything we do.

I appreciate your commitment to maintaining Marathon Oil's reputation for integrity.

他的致辞大意如下译文。

亲爱的同事们：

诚信在马拉松原油公司不是新事物。我们从很久以前就承诺诚实和公平地做生意，而且今天我们仍在这样做。在这几年里，我们可能会改变许多事情，我们将进入新的地区、市场和业务领域，我们也可能会离开一些其他的地方。无论发生了什么样的变化，也无论发生多少变化，我们对于诚实的坚守是不变的。

诚信的声誉是任何个人或公司都可以拥有的最重要的资产之一。我们已经创造了好名声，但它可能轻易就被一个不道德的或轻率的行为所破坏。这就是为什么我们每一个人和所有的人都要致力于维护最高水平的道德和商业诚信。

这种商业行为准则是很重要的，它适用于我们，当然也适用于你，它适用于每一个为马拉松原油公司工作的人，它就代表着我们的好名声。

我们的商业行为准则无法解决或回答你的每一个问题。如果它做不到的时候，你可以由这样的一个原则引导，那就是始终以正确的理由去做正确的事情。

你也可以向你的经理、企业诚信办公室的人提出问题，或通过诚信服务热线关注我们的企业行为准则。事前的开放和诚实的沟通可以预防事后的很多问题。

诚信将有助于我们在我们所做的一切事情上成功地竞争。

我感谢你们为维护马拉松原油公司诚实的声誉而作出的承诺。

7.6.3　针对 Lee M. Tillman 致辞的理解

读完 Lee M. Tillman 先生这个在行为准则上的致辞，我们的第一感觉不是想从中学到什么，而是感觉真的有英雄所见略同。他的这个致辞无论是从强调的内容上还是从内容结构的安排上都与前面威瑞森电信公司 Lowell C. McAdam 先生在其公司行为准则上的致辞简直如出一辙。我在这里开个玩笑地认为，他们之间或者商量过，或者一个学习了另一个。

如果非要强调我们可以从这个致辞当中学到了些什么的话，第一就是他们对诚实的态度，以及这种态度对于企业行为的影响，第二个就是始终以正确的理由去做正确的事情。

7.7　花旗集团的企业家致辞与经营管理理念

7.7.1　企业家 Michael L. Corbat 简介

Michael L. Corbat 先生是花旗集团的首席执行官，他是一个经验丰富的金融领域的专家，已经被提名进入董事会。他拥有非常丰富的经验和十分广泛的金融知识，这些知识全面涉及金融服务、风险管理、财务报告、国际业务、企业和消费者业务、监管合规性和企业事务，等等。在担任花旗集团的首席执行官之前，他曾经担任过花旗集团欧洲区的首席执行官，以及花旗集团中东地区和非洲地区的首席执行官。

7.7.2　Michael L. Corbat 在 2014 年花旗集团全球市民报告上的致辞

As the leader of a U.S.-based bank with a distinctly global footprint and focus, I spend a fair amount of my time traveling around the world, meeting with clients, customers and colleagues in the more than 100 countries where we open our doors every morning.

Having done that on a regular basis for years I think I'm on pretty safe ground when I say that the world doesn't seem likely to get any less global, uncertain, unpredictable or challenging.

This expectation only underscores our commitment to take our mission — one that we explicitly reaffirmed and clarified over the course of the past year — seriously. That mission is: to **responsibly** *provide financial services that enable growth and progress.*

Whether that means enabling growth and progress through our core business activities, forging partnerships with organizations that align with our values, or providing philanthropic support through the Citi Foundation, my more than 200,000 colleagues and I work to fulfill that mission faithfully every day.

Yet, we also humbly recognize that we don't have all (or even many) solutions to some of society's more daunting challenges at our fingertips. What we can do, however, and where we focus our energy, talent and best thinking, is helping our clients and customers navigate and manage through many of these issues, which often helps society move forward.

Where we see places where we are confident that we can meaningfully contribute, we do and we will. With an understanding of the priorities and concerns of our clients, partners and people, we focus on the following issues where we engage in both breadth and depth.

- **Culture, Conduct and Governance**

We lead with these because they are fundamental to our success. If we don't get these issues right, nothing else matters — at risk is the credibility needed to fulfill our mission and our license to do business.

- **Financing Development**

Today's world is so inextricably interconnected that global companies like ours do and must continue to play an influential role in determining how responsibly business is conducted in the countries and communities where we operate.

- **Inclusive Cities**

We say (and we *mean it*) that "city" is not just in our name, it's in our DNA. For more than 200 years we have contributed to building the economic strength of cities. We've worked to preserve the historically pivotal role of urban centers as places of progress and opportunity for the millions of people who live in and move to them every day in search of better lives for themselves and their families.

- **Trust**

Safeguarding our clients' and customers' critical assets and information while holding ourselves to the highest ethical standards in all our decision-making is key to preserving deeper client relationships. We continue to invest in the training and tools required to live up to not just the letter but the spirit of every law, statute and regulation we follow.

- **Talent**

Achieving our aspiration of being the world's most admired bank starts with and ends with us — our people. We remain committed to bringing out the best in ourselves, our peers and our teams.

- **Diversity**

Maintaining, cultivating, and preserving a diverse and inclusive culture is paramount for us. We know that diversity of thought, backgrounds and perspectives produce better outcomes for our clients and customers.

I offer these demonstrations and proof points as tangible evidence in support of our thesis that global institutions like ours are uniquely positioned to help society address global problems on a global scale.

And none of the negative political discourse, rancor or rhetoric about the need to "break up the big banks" will deter us from continuing to do what we do every day in fulfillment of our mission to enable growth and progress around the world.

If anything, it only reinforces that commitment while helping us to appreciate the fact that, despite signs of progress, our work is never done.

他的致辞大意如下：

作为一家总部在美国并具有明显的全球足迹和关注重点的银行的领导者，我花费了大量的时间周游世界，每天早上我都会打开我们的大门，在100多个国家与客户、顾客和同事们会面。

在这样做了很多年以后，我想当我说世界看起来可能不再全球化，不是不确定的和不可预测的或者不可挑战的时，我的心里是踏实的。这种期望仅仅严肃地强调了我们对于履行我们使命的承诺，在过去这一年当中，这个愿景使我们从外部重新确认它。

我们的企业使命是，负责任地提供金融服务以确保增长和发展。不管是这意味着我们可以借助我们的核心业务活动确保增长和发展，与同我们的价值观一致的组织建立合作伙伴关系，还是通过花旗基金会提供慈善支持，每天都有超过20万的同事与我一起工作以实现我们的神圣的使命。

然而，我们也谦虚地认识到，我们没有所有的（或甚至许多）解决方案以面对一些在我们身边的更艰巨的社会挑战。但是，我们能做的和我们所拥有的能力、才华和认真的思考正在帮助我们的客户和顾客进行导航和管理，如此可以解决大部分的问题，从而可以帮助社会向前发展。

在我们看得到我们能够有信心地做贡献的方面，我们会做并乐于作贡献。基于我们对于优先事项的理解和客户与合作者及人民的关切，我们广泛且深入地强调以下我们需要努力的事项。

1）文化、行为与治理

我们遵从它们是因为它们是成功的基石，如果我们不正确地处理这些事情就将一事无成，还将冒着失去实现我们使命和没有资格从事我们业务的风险。

2）融资发展

今天的世界是如此紧密相连，像我们这样的全球性公司必须继续发挥有影响力的作用，以确定如何在我们经营的国家和社区进行负责任的业务。

3）包容的城市

我们说（并且我们的意思是），"城市"不只是在我们的名字当中，它也在我们的 DNA 里。200 多年来，我们为建设城市的经济实力作出了贡献。我们一直致力于保护城市中心在历史上举足轻重的地位，让它作为数以百万计的人可以进步和寻找机会的地方，他们生活在这里或搬入这里并且他们为自己和他们的家人寻找更好的生活。

4）信任

我们保持最高的道德标准以在我们所有的决定中维护我们的客户和顾客的重要资产和信息，它注定是维护更深层客户关系的关键。我们继续投资于培训和所需工具，以使它们都鲜活起来，不仅是这封信，而且还有我们必须遵守的每个法律的精神、地位和规定。

5）人才

实现我们成为世界上最受尊敬银行的愿景的开始和结束都在于我们的人民。我们将继续致力于使我们自己、我们的同事和我们的团队表现出最好的一面。

6）多样性

保持、培养和维护一个多样化和包容性的文化对我们来说是最重要的。我们知道，思想、背景和观点的多样性可以为我们的客户和顾客提供更好的结果。

我提供这些有说服力的证明以作为切实的证据来支持我们的观点，那就是像我们这样的全球性机构具有唯一的定位以帮助社会在全球范围内解决全球问题。

没有对于需要"拆分大银行"的负面的政治话语、怨恨或言辞会阻止我们每天继续做我们应该做的事情，而这些事情可以实现我们的使命并确保在世界各地的增长和发展。

总之，它只会加强这一承诺，同时帮助我们感激这样一个事实，也就是，尽管有进步的迹象，但我们的工作永远做得还不够好。

7.7.3　针对 Michael L. Corbat 致辞的理解

Michael L. Corbat 先生的这个致辞在我们所选择的这些致辞当中不是最长的，但却是最难翻译的，因为他于这个致辞当中使用了大量的修辞手法。当然了，也正是因为他使用了大量的修辞手法，所以才会读起来感觉非常优美，而且也很容易理解。我们在此只是对之做一个简单的归类，就可以帮助大家理解他要说的和他要做的内容。如果进行大致分类的话，Michael L. Corbat 先生的这个致辞可以分成三个部分。

第一，Michael L. Corbat 先生以其切身的感受想要告诉我们，如果一个企业有着明确的发展愿景和企业使命的话，那么无论是其领导者还是其员工都会于工作当中产生无穷的力量。

第二，Michael L. Corbat 先生强调了整个公司都需要重视的六个方面的工作，它们分别是文化、行为与治理，融资发展，包容的城市，信任，人才和多样性。

第三，致辞的最后，他表达了企业的责任、自己对于企业的信心，以及相信企业未来会更好的坚定决心和谦虚的态度。

7.8　富国银行的企业家致辞与企业家管理理念

7.8.1　企业家 John G. Stumpf 简介

John G. Stumpf 先生曾任富国银行的董事长兼首席执行官，他从 2015 年的 11 月起担任这个职务，直至 2016 年 10 月 12 日宣布卸任。在 2010 年 1 月至 2015 年 11 月，他是富国银行的董事长、总裁兼首席执行官。

7.8.2　John G. Stumpf 在企业文化手册上的致辞

Documents such as this are rare these days in corporate America. Most companies have a mission statement and a set of core values, but few for as long as we've had The Vision & Values of Wells Fargo. Even fewer have resisted fads and remained faithful to their founding principles. We have stayed true to our vision for more than two decades.

In those two decades, a lot has changed. We've seen advances in technology and communications we could not have imagined only a few years ago. We've seen the U.S. population grow more diverse and the globalization of almost every aspect of our lives. We've witnessed periods of economic growth and decline and the worst economic downturn since the Great Depression. We've seen the collapse of major financial institutions and a new wave of industry regulations. Through all of this, we've seen the needs and interests of our customers and stakeholders change, and we've adapted right along with them.

Our progress has not been perfect. The expectations of others, and the even higher expectations we have of ourselves, have not always been met. When we make mistakes, we admit them, we learn from them, and we keep moving forward with even more understanding and a deeper commitment to doing what's right.

We first published a *Vision & Values* booklet in the early 1990s as Wells Fargo's predecessor, Norwest Corporation. Since then, we've grown from a small regional bank into a national company with a growing global presence. Today, many of our team members trace their heritage to legacy companies that are now part of the Wells Fargo brand. Each of these companies brought with it new geographies, new capabilities, and inspiring stories. All have found a common cause in adopting our vision and values.

We believe in our vision and values just as strongly today as we did the first time we put them on paper, and staying true to them will guide us toward continued growth and success for decades to come. As you read more about our vision and values, you will learn about who we are, where we're headed, and how every Wells Fargo team member can help us get there.

We've become one of the nation's largest financial institutions, serving one in three U.S. households and employing approximately one in 600 working Americans. We have team members in 36 countries, serving 70 million customers in more than 130 countries around the world. *Forbes* magazine ranks us among the top 10 publicly traded companies in the world based on a composite of sales, assets, profits, and market value. And we are consistently ranked as one of the world's most respected banks by *Barron's* magazine and one of the world's most admired companies by *Fortune* magazine. The reason for this is simple. We've never lost sight of putting our customers first and helping them succeed financially.

Regardless of our growing size, scope, and reach, our common vision and distinct values form the fabric that holds us together wherever we are, whatever we do. As members of the same team, it doesn't matter what our respective responsibilities are, our levels or titles, what businesses we're part of, or where we live and work.

Our shared vision and values unite us as One Wells Fargo.

他的致辞大意如下:

这些天里这样形成的文件在美国企业当中是极其少见的。

大多数公司都有一个使命声明和一套核心价值观,但是很少有企业能够像我们富国银行这样可以这么长时间地坚持一个愿景和一套价值观,甚至更少的企业能够在抵制衰退时还保持它们的初始信仰和成立时的原则。

我们已经忠于我们的愿景 20 多年了,在这 20 年的时间里,很多发生了改变。

我们已经看到了几年前还不能想象的技术和通信的进步,我们也看到了美国人口变得越来越多样化和全球化,这几乎体现在我们生活的每一个方面。我们还目睹了经济的增长和衰退,以及经济大萧条以来最严重的经济衰退时期。我们同时看到了主要金融机构的崩溃和一个新的行业法规的浪潮。通过这一切,我们已经看到了我们的客户和利益相关者的需求和利益的变化,而且我们也已经适应了这些变化。

我们的进步并不是完美的,别人的期望以及我们对自己更高的期望都不一定会得到满足。当我们犯错误时,我们承认它们,我们向它们学习,然后我们继续前进,甚至更多地理解和更深入地承诺去做正确的事情。

我们最早印制《愿景和价值观》手册是在 20 世纪 90 年代初,那是在富国银行还是其前身 Norwest 公司的时候。从那时起,我们已经从一个小的区域性银行发展成为一家有着越来越大的全球影响力的全国性公司。今天,我们的许多团队成员将他们获得的前人的遗产追溯到现在是组成富国银行的各前身公司。这些企业中的每一个都带来了新的领域、新的能力和鼓舞人心的故事。一切都在我们的视野和价值观中找到了共同的原因。

我们相信我们的愿景和价值观,就像我们今天第一次把它们印制在纸张上一样,并且始终坚持这些愿景和价值观将引导我们走向持续的成长和未来几十年的成功。当你阅读更多关于我们的愿景和价值观时,你会知道我们是谁,我们将走向何方,以及每一个富国银行的团队成员将会如何帮助我们到达那里。

我们已经成为全国最大的金融机构之一,为 1/3 的美国家庭提供服务,在 600 个工作的美国人中就有一个是我们的员工。我们在 36 个国家里有工作团队,在世界上 130 多个国家里为 7000 万个客户服务。《福布斯》杂志把我们排入美国 10

大公开上市交易的公司，它们的排名基于在全球基础上的销售、资产、利润和市场价值的组合。我们一直被《巴伦周刊》评选为世界上最受尊敬的银行之一，《财富》杂志也一直评选我们为世界上最受尊敬的企业之一。这个道理是很简单的，我们从未失去把我们的客户放在第一位，并帮助他们在财务上取得成功的信念。

不管我们的成长规模有多大，也不管我们的范围和领域在哪里，我们共同的愿景和独特的价值观所形成的结构可以永远把我们团结在一起，无论我们在哪里，也无论我们做什么。

作为同一个团队的成员，无论我们的职责是什么，我们的水平和职位高低，我们承担的工作是什么内容，我们在哪里生活和工作都一样。我们共同的愿景和价值观都会把我们团结成为一个统一的富国银行。

7.8.3　针对 John G. Stumpf 致辞的理解

前面我们说过，在我们所研究的这十家杰出公司当中，我们认为富国银行的企业文化手册是做得最好的，其企业文化手册上所承载的企业文化的内容也是最丰富的。借助 John G. Stumpf 先生的这个致辞以及前面我们所分析的关于富国银行企业文化的相关内容似乎可以帮助大家感知到这一点。

当然了，我们这么说也是一家之言，没有任何的官方依据。

在这个致辞当中，它突出强调的内容就是企业的愿景和企业的价值观，包括它们的内容，它们伴随企业发展的历史，它们所代表的企业精神实质，企业基于它们而取得的成就，以及未来企业在这个方面的打算。因为内容通俗易懂，所以我们就不再过多地进行解读，如果有人对富国银行的企业文化手册感兴趣可以直接到其公司的网站上去了解。我们所研究的这些美国杰出公司的一个最大优点就是它们的所有信息和所有资料都是公开的，它们自己在这样做，并且也不怕别人学。

有人也许会说，它们是这样的说的，但是它们是这样做的吗。它们是不是这样做的我们不完全知道，但是它们所说的、所想的和所说过要做的都是好的，都是有价值的，这对我们来说就够了。我们关心的不是它们说得那么好能做到吗，而是我们看到了值得学习的好的思想和好的做法以后，我们能学多少，我们能做到吗。如果企业家们都能做到了，我们写作这本书的目的也就达到了。